EUROPAVERLAG

HENRYK M. BRODER
REINHARD MOHR

Good Morning Germanistan!

WIRD JETZT ALLES BESSER?

EUROPAVERLAG

1. Auflage

Umschlaggestaltung: wilhelm typo grafisch, Zollikon, unter Verwendung einer Abbildung von Uniyok / Harry_de / Shutterstock.com
Layout & Satz: Margarita Maiseyeva
Redaktion: Franz Leipold
Druck und Bindung: CPI, Leck
ISBN 978-3-95890-646-4

Ansprechpartner für Produktsicherheit
Europa Verlage GmbH
Monika Roleff
Johannisplatz 15
81667 München
Tel.: +49 (0)89 18 94 733-0
E-Mail: info@europa-verlag.com
www.europa-verlag.com

INHALT

»Manchmal beneide ich diese Leute um ihre Sicherheit, mit der sie an Problemen vorbeigehen.«

Brigitte Reimann, DDR-Schriftstellerin,
über linientreue SED-Funktionäre,
Tagebucheintrag vom 5. März 1963

VORBEMERKUNG

Große Männer machen Geschichte – so haben es viele in ihrer Schulzeit gelernt. Später hieß es: Nein, Wirtschaft und Gesellschaft, »soziale Strukturen«, sie bestimmen den Lauf der Dinge. Seit Donald Trump zum zweiten Mal amerikanischer Präsident geworden ist, wissen wir: Ja doch, ein einzelner Mensch, wie auch immer er an die Macht gekommen ist, kann die halbe Welt in Turbulenzen und das eigene Land ins Chaos stürzen. Willige Helfer finden sich immer.

Während die einen Trump für einen monströsen Idioten halten und die anderen ihm auf dem Weg ins Gelobte Land der Zukunft fanatisch ergeben sind, ist immerhin ein kleines, aber lange fälliges Wunder passiert: Europa wacht auf, dreht sich um und merkt: Wir sind allein – und wir müssen was tun. Viel mehr als bisher, um uns gegen die russische Aggression zu verteidigen. »Kriegstüchtig« sind wir deshalb noch lange nicht. Wir wollen es auch gar nicht sein, sondern lieber den nächsten Sommerurlaub am Meer planen. Aber Putin – und jetzt auch Trump – zwingen uns zu einer massiven Aufrüstung, die nur einem Ziel dient: den Krieg zu verhindern und die europäische Freiheit zu verteidigen. Die Drohkulisse muss nur stark genug sein.

All das passiert wie im Zeitraffer.

Deshalb auch die Hunderte Milliarden, die die neue schwarz-rote Bundesregierung schon vor ihrer Vereidigung geradezu in

Lichtgeschwindigkeit mobilisiert hat. Ein echter Parforceritt – und eine Wette auf die Zukunft. Zugleich ein Aufbruchssignal: Der designierte Bundeskanzler Friedrich Merz hat ohne eigenes Zutun den Kairos erwischt, den Augenblick, in dem sich die Dinge entscheiden. Er sollte ihn nutzen. Dann wird nicht alles gut, aber vieles besser.

Der politische Umschwung ist im Gang. Wir zeichnen ihn nach.

VORWORT

Drei Jahre Ampel-Republik hatten genügt, um das Land in einen Zustand aus Wut und Verzweiflung, Resignation und Ratlosigkeit zu versetzen. Nie war eine Bundesregierung unbeliebter gewesen, nie war ihre Inkompetenz offensichtlicher – und nie wurde der Abgrund zwischen Realität und Regierungshandeln, zwischen Wunsch und Wirklichkeit derart virtuos mit Phrasen, Allgemeinplätzen und Kalenderweisheiten zugekleistert. Mississippi, der ärmste Bundesstaat der USA, weist pro Kopf inzwischen ein ähnliches Bruttosozialprodukt auf wie Deutschland, die stärkste Wirtschaftsmacht in der EU.

Immer neue potemkinsche Kulissen à la »grünes Wirtschaftswunder« wurden vor die politische Trümmerlandschaft geschoben, aber irgendwie ging es immer weiter im Märchenland Germanistan, wo die nachhaltige Produktion von »Narrativen« – ideologischen Nebelschwaden – immer neue Rekorde erklomm. Der Baron von Münchhausen, Felix Krull und Quax, der Bruchpilot, gaben sich die Hand, und noch im freien Fall versprach der Bundeskanzler unverdrossen: »You'll never walk alone!« – »Niemand wird zurückgelassen!«

Dass da kaum noch jemand mitgehen wollte und die Kanzlerpartei SPD bei rund 15 Prozent, in Sachsen und Thüringen knapp über fünf Prozent herumdümpelte, spielte keine Rolle. Dem unerschütterlichen Selbstvertrauen von Kanzler Scholz mit auffälligen

Zügen einer autoimmunen Selbstsuggestion konnte nicht einmal die Tatsache etwas anhaben, dass CDU und CSU in der Wählergunst monatelang doppelt so stark waren wie die drei Parteien der Ampelregierung zusammen – Olaf Scholz setzte auf Zarah Leander, die einst mit dräuender Inbrunst schmetterte: »Ich weiß, es wird einmal ein Wunder gescheh'n!« Freilich hat sie auch das legendäre Lied von Werner Richard Heymann gesungen: »Das gibt's nur einmal, das kommt nicht wieder!«

Und so kam es schließlich. Die Ampel ist weg und kommt so bald nicht wieder. Und mit ihr ist auch Olaf Scholz in der Versenkung verschwunden, der im November mit seiner vom Teleprompter abgelesenen stillosen Tirade gegen den von ihm entlassenen Finanzminister Christian Lindner noch einmal unter Beweis gestellt hatte, dass er dem Amt des Bundeskanzlers nicht im Ansatz gewachsen war.

Aber auch die Koalitionspartner hatten sich keineswegs mit Ruhm bekleckert: Die vermeintlich Liberalen von der FDP, die so viele rot-grüne Projekte, von der mafiafreundlichen Cannabisfreigabe über das sagenhafte Bürokratiemonster »Lieferkettensorgfaltspflichtengesetz« bis zum neuen Selbstbestimmungsgesetz (»Ab morgen heiße ich Petra …«) durchgewunken haben, sind aus dem Bundestag geflogen. Und die Grünen, deren regelwütige, marktwirtschaftsfeindliche und klimaneutral moralisierende Besserwisserei inzwischen zur Bedrohung des Wirtschaftsstandorts Deutschland geworden ist, sind krachend an ihren hochfliegenden Ambitionen gescheitert und landeten in der Opposition. Derweil hat die SPD, die gar nicht mehr weiß, wo ihr der Kopf steht, und ihn deshalb zeitweise in den Treibsand vergangener Klassenkampfparolen steckte, eine neue Chance als Co-Regierungspartei neben der erstarkten Union erhalten.

Und der designierte Bundeskanzler Friedrich Merz? Er muss mit diesen – freilich arg gerupften – Sozialdemokraten eine Regierung bilden, die ihn eben noch als jemanden beschimpften, der das »Tor zur Hölle« aufgestoßen habe. Derweil lastet immer noch das schwere Erbe von 16 Merkel-Jahren auf dem Land. Eine Folge: die schiere Verdopplung der AfD, die womöglich nur noch eine Bundestagswahl von der strukturellen Mehrheitsfähigkeit entfernt ist und die politische Mitte immer weiter zusammenschrumpfen lässt – so wie in vielen anderen europäischen Ländern.

In dieser schwierigen Gemengelage geht es darum, ein wenig Orientierung anzubieten, soweit das in diesen irren Zeiten möglich ist, für die auch US-Präsident Donald Trump immer neue, abenteuerliche Überraschungen bereithält, wie der Eklat beim Besuch des ukrainischen Präsidenten Selenskyj im Weißen Haus gezeigt hat, der den Bruch der atlantischen Allianz offenlegte. Eine historische Zäsur mit unabsehbaren Folgen.

Kurz: ein Bericht zur Lage der Nation, in der sich der lange vorherrschende grüne Zeitgeist im Sinkflug befindet und neue liberalkonservative Perspektiven sich erst noch in der auch international aufgewühlten Realität beweisen müssen. Von rechts und links außen wird es genug Störfeuer geben, ganz zu schweigen von den globalen Herausforderungen.

Frei nach Galileo Galilei: Und es bewegt sich doch! Es dreht sich was im Land. Hier und da geht es schon an die ersten Aufräumarbeiten, ob in der Wirtschafts-, Sozial- oder Migrationspolitik. Selbst in den öffentlich-rechtlichen Medien ändert sich allmählich die Tonlage, auch wenn viele festangestellte ARD- und ZDF-Redakteure immer noch glauben, dass sie Botschaften zu überbringen haben und keine Nachrichten.

Bis eben galt noch das, was Jochen Buchsteiner in der *FAZ* beschrieb: »Wer von robuster Führung träumte oder von mehr Stolz auf die Nation, wer vor kulturellen Unvereinbarkeiten warnte oder vor dem Verlust althergebrachter Werte, galt als gefährlich gestrig. Plötzlich ist es andersherum, und Diskutanten müssen sich rechtfertigen, wenn sie Migrationsprobleme schönreden, aufs Gendern bestehen oder extreme Klimaschutzmaßnahmen fordern. Noch ist das nur eine Tendenz, aber der Wind aus Amerika wird sie verstärken.

Gesellschaftspolitisch erlebt der Westen nicht weniger als ein Gegen-68, auch wenn das linke Erbe in Kulturbetrieben, Universitäten und vielen Redaktionsstuben noch eine Weile nachhallen dürfte. Mit Verzögerung wird der rechte Marsch durch die Institutionen auch dort ankommen. Das Berliner ›Lichtermeer gegen den Rechtsruck‹ verströmt schon heute die Aura der Defensive.«

Wie Goethe nach der Kanonade von Valmy am 20. September 1792 sagte: »Und wir können sagen, wir sind dabei gewesen.« Auch im Rückblick zeigt sich, dass die gesellschaftlichen Veränderungen nicht über Nacht kommen. Die Wirklichkeit braucht Zeit, um ihre Botschaften loszuwerden. Deshalb haben wir noch einmal genau hingeschaut – ob kleine Begebenheiten oder große Auftritte, Parteitage, Talkshows, Straßenumfragen, Shitstorms oder Feuilletondebatten, soweit sie, im Angedenken an Frank Schirrmacher, überhaupt noch stattfinden. Sogar in das eine oder andere Wahlprogramm hatten wir einen kurzen Blick geworfen, stets ein Quell froher Zukunftserwartung, politische Poesiealben in Funktionärsdeutsch. So entsteht ein Kaleidoskop der Post-Ampel-Republik aus der Tiefe des Raumes derart vieler großer und kleiner »Zeitenwenden«, dass man schon mal den Überblick verlieren kann.

Plötzlich können die deutschen Grenzen doch kontrolliert werden, wenn auch mit überschaubarem Erfolg. Asylzentren an den europäischen Außengrenzen sind kein Tabu mehr, ebenso wenig wie der Zusammenhang zwischen illegaler Migration und steigender Gewaltkriminalität. Nun gibt es doch Grenzen der Belastungsfähigkeit unserer Gesellschaft, gescheiterte Integration und einen aggressiven Antisemitismus, der mit der muslimischen Einwanderung angestiegen ist – ebenso wie Homophobie und Frauenfeindlichkeit.

Nicht einmal mehr die teure und ineffektive »Energiewende« ist sakrosankt. Gendern ist nicht mehr obercool, das »Bürgergeld«

gilt als »Stuttgart 21« einer aus dem Ruder gelaufenen Sozialpolitik und die deutsche Verwaltungsbürokratie als Monster von Loch Ness, das die wirtschaftliche Dynamik Deutschlands verschlingt. Und dass in vielen Grundschulen ein Großteil der Kinder auch mit zehn Jahren noch nicht richtig lesen und schreiben kann, wird nicht mehr automatisch »fehlenden Lehrern« und der »Schuldenbremse« zugeschrieben.

Als Bob Dylan sein berühmtes Lied des großen Aufbruchs »The Times They Are A-Changin'« sang, hatte er ganz anderes im Sinn. Doch auch im Frühjahr 2025 stehen die Zeichen auf Veränderung. Und die Zeit drängt. Statt um perfekte Gendergerechtigkeit, vierteljährlich wechselnde Geschlechtseinträge und non-binäre Umkleidekabinen geht es nun um die westlich-europäische Freiheit insgesamt.

Anknüpfend an den Bestseller *Durchs irre Germanistan. Notizen aus der Ampel-Republik* folgt hier ein vorläufiges, hoffentlich unterhaltsames Resümee des politischen Umbruchs – nicht ohne die gewohnte Ironie, aber in gebotener Schärfe.

Reinhard Mohr, Henryk M. Broder
Berlin im März 2025

GUTE NACHT, DEUTSCHLAND!

Die Bundestagswahl am 23. Februar war vieles – ein Weckruf, ein Sieg der Demokratie gegen die Kräfte der Finsternis, eine große Wählerwanderung –, nur eines war sie nicht: ergebnisoffen. Schon Wochen vor dem Urnengang stand fest, dass die Union gewinnen, die AfD vor allem im Osten der Republik die Nase weit vorne haben und die SPD tief abstürzen würde. Fraglich war nur, ob die »kleinen Parteien«, also die FDP, die Linke, die Wagenknecht-Truppe und die Grünen, den Einzug in den Bundestag schaffen würden. Es kam wie erwartet. Der FDP ging auf der Zielgeraden die Luft aus, Wagenknecht fehlten nur ein paar Tausend Stimmen zum erhofften Glück, die Grünen mussten Federn lassen. Die einzige echte Überraschung war das unerwartet gute Abschneiden der bereits totgesagten Linken, das von Analysten auf eine kurze Rede der Spitzenkandidatin im Bundestag zurückgeführt wurde, die sie mit den Worten »Gegen den Faschismus in diesem Land, auf die Barrikaden!« beendete. Alles Übrige war das übliche Prozedere. Kaum lagen die ersten Prognosen vor, wurde schon über die möglichen Koalitionen spekuliert. Schwarz-Rot, Rot-Rot-Grün, Schwarz-Rot-Grün. Die einzige Farbe, die in diesen Überlegungen nicht vorkam, war Blau. Mit über 20 % der Stimmen war die AfD zur zweitstärksten Kraft aufgestiegen, schaffte aber nicht den Sprung über die »Brandmauer«. Kein Politiker aus der »demokratischen Mitte« mochte sich zur Zusammenarbeit mit »denen da« bekennen, nicht mal ansatzweise.

Wie Millionen anderer Wähler saß auch ich vor dem Fernseher, einem nagelneuen Samsung-Gerät, und schaltete zwischen der ARD, dem ZDF und Welt TV hin und her. Hieß es auf einem Kanal, das BSW wäre »drin«, wechselte ich zu einer Station, deren Vorhersagen mir besser gefielen – und später tatsächlich eintrafen. Als Zuschauer am Abend nach einer Wahl ist man in einer kommoden Situation: mittendrin und doch nicht dabei. Und immer in einem Déjà-vu, weil man alles, das gesagt wird, schon gehört hat, einmal, zweimal, immer wieder. Ein Politikwissenschaftler sprach von einem »Regierungswechsel ohne Regierungsauftrag« in einem »Wettbewerb der Unbeliebten«; Thorsten Frei, Parlamentarischer Geschäftsführer der CDU/CSU-Fraktion im Bundestag, sagte, es gehe jetzt »um die Zukunft unseres Landes«; Matthias Miersch, kommissarischer Generalsekretär der SPD, räumte eine »historische Niederlage« seiner Partei ein; Alice Weidel, die Vorsitzende der AfD, gab sich versöhnlich und versprach: »Unsere Hand wird immer ausgestreckt bleiben«; der neue Co-Vorsitzende der Linken, Jan van Aken, konnte sich vor Freude über das »unvorstellbar« gute Ergebnis der SED-Erben kaum beruhigen; Wolfgang Kubicki, Stellvertreter von Christian Lindner, gab zu, er und die FDP wären »unter unseren Erwartungen geblieben«, er sei aber »solche Abende gewöhnt«; Robert Habeck, der Kanzlerkandidat der Grünen, zeigte sich »stolz, dass wir uns aus dem Umfrageloch herausgekämpft haben«; Olaf Scholz, amtierender Bundeskanzler, blickte kurz zurück (»Das letzte Mal war das Ergebnis besser«) und versprach, er werde sich »mit dem Ergebnis der AfD niemals abfinden«. Annalena Baerbock nahm das Ende der Ampel stoisch zur Kenntnis: »Immer, wenn man die Regierung bildet, schlägt man ein neues Kapitel auf.«

Saskia Esken, Co-Vorsitzende der SPD, antwortete auf die Frage, ob es ein Fehler gewesen wäre, mit Olaf Scholz als Spitzenkandidaten anzutreten, es sei »ein bitterer Abend für die SPD« gewesen. Und: »Wir haben gemeinsam verloren.«

Und so ging es Stunde um Stunde weiter. Was ich sah und hörte, war zugleich ernüchternd und einschläfernd; in Tabletten gepresst, könnte man es wie Neurexan bei nervösen Unruhezuständen und Schlafstörungen einsetzen. Der einzige Politiker, der wie ein Kernkraftwerk strahlte, war der bereits erwähnte Jan van Aken, ein promovierter Biologe und kurzfristig auch als Biowaffeninspekteur für die Vereinten Nationen tätig.

Im Wahlkampf stellte er sich bei seinen Auftritten mit dem Satz vor: »Mein Name ist Jan van Aken, und ich finde, es sollte keine Milliardäre geben«, denn: »Milliardäre sind eine echte Gefahr für diese Demokratie«, Leute wie Elon Musk, der »Rechte in der ganzen Welt unterstützt«, allein deswegen dürfe es »keine Milliardäre mehr geben«. Worauf ihm jedes Mal ein Beifall entgegenschlug, als hätte er die Einführung eines bedingungslosen Grundeinkommens für alle vorgeschlagen, die seine Partei wählen würden.

Das waren also die ersten wegweisenden Wahlen nach der von Kanzler Scholz ausgerufenen Zeitenwende, denen alle entgegengefiebert hatten. Weg mit der Ampel, die sich selbst im Wege stand, hin zu klaren Verhältnissen! Um die parlamentarische Arbeit zu optimieren, hatte man sogar das Wahlgesetz geändert und den Bundestag von 735 auf 630 Sitze rückgebaut.

Dumm nur, dass man die Reform nicht ganz durchdacht hat. Entsprechend dem neuen Wahlgesetz kann es vorkommen, dass ein Kandidat, der die meisten Stimmen bekommen hat, seinen Wahlkreis nicht im Bundestag vertreten kann. Warum das so ist, kann ich nicht erklären, weil ich die Erklärungen, die in den *Tagesthemen* und im *heute-journal* verbreitet wurden, nicht verstanden habe. Alle anderen Wahlberechtigten, also 59 Millionen und 200 000, vermutlich auch nicht. Aber es ist so. »23 Bewerberinnen und Bewerber für ein Abgeordnetenmandat ziehen nicht in den 21. Deutschen Bundestag ein, obwohl sie in ihren Wahlkreisen die meisten Erststimmen auf sich versammeln konnten. Grund ist das im Juni 2023 in Kraft getretene neue Wahlrecht zur Verkleinerung des Bundestages«, meldete der Pressedienst des Bundestages nach der Auszählung der Stimmen.

Ist der Tatbestand schon seltsam, so ist es die Begründung noch mehr. Hier ist sie: »Stehen einer Partei nach der Zweitstimmendeckung in einem Bundesland weniger Sitze zu als die Zahl der Wahlkreise, in denen sie die Erststimmenmehrheit hat, so bleiben die Wahlkreise mit dem geringsten Erststimmenanteil unbesetzt. Mit anderen Worten: Das Direktmandat, wie man es von vergangenen Wahlen her kannte, gibt es nicht mehr. Damit entfallen auch Überhang- und Ausgleichsmandate.«

Jede Erklärung, in der die Worte »mit anderen Worten« vorkommen, disqualifiziert sich selbst, weil sie undurchdacht und verschwurbelt ist. Wäre sie durchdacht und gradlinig, käme sie ohne das alberne Intro aus und würde mit dem loslegen, was nach dem Einschub »mit anderen Worten« kommt.

Ich frage mich, wer sich solche Regelungen ausdenkt und wer über die Berufung von Lingo-Sadisten in Positionen entscheidet, in denen sie ihre Neigungen ausleben können. Ich vermute – nein, ich bin mir sicher, dass es die gleichen Wichtigtuer sind, die schon das Lieferkettensorgfaltspflichtengesetz, abgekürzt Lieferkettengesetz, auf den Weg gebracht haben, das »die unternehmerische Verantwortung für die Einhaltung von Menschenrechten in globalen Lieferketten« regelt. Mit anderen Worten: Entlang des Weges, den eine in Bangladesch produzierte Jeans in einen Hosenladen in Regensburg nimmt, sind alle »Akteure«, die mit Herstellung und Transport der Hose zu tun haben, verantwortlich dafür, dass »der Schutz vor Kinderarbeit, das Recht auf faire Löhne und der Schutz der Umwelt« gewährleistet sind. »Das betrifft z. B. auch die Herstellung von Fußballtrikots.« Und das ist, freundlich ausgedrückt, eine »Mission impossible«, mit anderen Worten: Augenwischerei, Betrug und Etikettenschwindel. Mehr noch: Die Verantwortlichen, die solche Regeln in den Rang von EU-Richtlinien und Verordnungen erheben, wissen es.

Und deswegen haben sie das Lieferkettengesetz kurz nach seiner Einführung entschärft. Seit dem 1. Januar 2024 gilt es nur »für Unternehmen mit mindestens 1000 Beschäftigten«. Wenn das kein Etikettenschwindel ist, dann ist jedes Zeugnis, das eine Scientology-Kirche vergibt, eine akademische Auszeichnung.

Ich stelle das deswegen so ausführlich dar, weil ich solche Phänomene wie das neue Wahlgesetz und das Lieferkettengesetz nicht für Ausrutscher, sondern für systemische Fehlleistungen halte, die mit der Natur der deutschen Bürokratie zu tun haben. Es wird jeden Tag darüber geredet, dass die Bürokratie verschlankt werden muss, um die deutsche Wettbewerbsfähigkeit zu erhalten bzw. wiederherzustellen. Tatsächlich passiert das Gegenteil: Die Bürokratie wird ausgebaut.

Allein für die Bundesregierung, das heißt das Bundeskanzleramt und die 15 Ministerien mit ihren nachgeordneten Behörden wie die dem Innenministerium unterstellten Dienste, arbeiteten im Jahre 2023 über 30 000 Angestellte und Beamte, so viele wie nie zuvor. Im Laufe der ersten zweieinhalb Jahre der Ampel wurden mehr als 1700 neue Kräfte eingestellt, wobei das Bundesministerium für Wirtschaft und Klimaschutz sich mit 249 neuen Stellen als besonders schöpferisch hervortat.

Und hätte die für Frauen, Familie, Senioren und Jugend zuständige Ministerin Lisa Paus ihren Plan, eine eigene Behörde für Kindergrundsicherung (»Das größte sozialpolitische Reformprojekt der Ampel«) zu etablieren, nicht gegen die Wand gefahren, würden inzwischen mehr als 35 000 Frauen, Männer und non-binäre Personen der Bundesregierung zuarbeiten.

Der deutsche Staat ist ein Kümmerer, dem das Wohl seiner Bürger ein Anliegen ist. Das bereits erwähnte Bundesministerium für Familie, Senioren, Frauen und Jugend hat vor Kurzem in Zusammenarbeit mit dem Bundesministerium des Innern und für Heimat ein Joint Venture aus der Taufe gehoben. Unter dem sperrigen Namen »Beratungskompass Verschwörungsdenken« agiert ein »Netzwerk aus erfahrenen und kompetenten Beratungsstellen im ganzen Bundesgebiet«, die eine »Kooperationsvereinbarung mit dem Beratungskompass Verschwörungsdenken eingegangen sind«. Es ist, ähnlich wie Pizza Hut und McDonald's, ein Franchise-Unternehmen, das Lizenzen an lokale Subunternehmen vergibt, darunter die »Fachstelle für politische Bildung und Entschwörung« der Berliner Amadeu Antonio Stiftung, die »Angehörigenberatung bei demokratiefeindlichen Einstellungen« in Rheinland-Pfalz, die »Mobile Beratung gegen Rechtsextremismus in Bayern« und etwa 80 weitere »Beratungsstellen, die zum Thema Verschwörungsdenken oder Verschwörungsideologien beraten und arbeiten«. Das ist an Absurdität nicht mehr zu toppen. Fachstellen für Entschwörung, Angehörigenberatung bei demokratiefeindlichen Einstellungen, mobile Beratung gegen Rechtsextremismus – macht demnächst der mobile Entschwörungsberater Hausbesuche, um demokratiefeindliche Einstellungen zu exorzieren? Können diese Leistungen bei den Krankenkassen abgerechnet oder als Sonderausgaben bei der Steuer geltend gemacht werden?

Schon Heinrich Heine wusste: »Franzosen und Russen gehört das Land, das Meer gehört den Briten. Wir aber besitzen im Luftreich des Traums die Herrschaft unbestritten.«

Mir ist klar, dass man bei Heine für alles das passende Zitat findet; dieses hier ist Robert Habeck auf den Leib geschrieben. Der hatte in der ARD-*Wahlarena* einen markigen Auftritt, in dem er vor einer »Kettenreaktion« in der Klimapolitik warnte: »Mit dem Umfallen Deutschlands bei den Klimazielen wird Europa umfallen. Und dann ist es vorbei mit dem Kampf gegen die Erderwärmung.« In den »aufbrausenden Applaus aus dem Publikum« (Hannelore Crolly in der *WELT*) legte der Minister nach: »Amerikas Ausfall ist schlimm, aber noch auszuhalten. Aber wenn sich Europa verabschiedet, ist es vorbei. Und ob sich Europa verabschiedet, hängt an der deutschen Bundestagswahl. Wenn Deutschland sagt, wir sind draußen, dann ist Europa nicht mehr zu halten.« Das ist schon starke Hausmannskost für ein Land, das nicht imstande ist, seine Brücken zu reparieren, bevor sie kollabieren.

Das Schicksal Europas und damit auch der Welt hängt an einem dünnen Faden. Und der ist »Made in Germany«. Einmal mehr hat die Vorsehung Deutschland dazu bestimmt, Europa und die Welt zu retten.

Das war schon der Fall, als Kaiser Wilhelm II. am 27. Juli 1900 in Bremerhaven anlässlich der Verabschiedung des deutschen Ostasiatischen Expeditionskorps zur Niederschlagung des Boxeraufstandes im Kaiserreich China seine berühmt gewordene »Hunnenrede« hielt, um die kaiserlichen Soldaten auf ihre Aufgabe einzustimmen: »Kommt ihr vor den Feind, so wird derselbe geschlagen! Pardon wird nicht gegeben! Gefangene werden nicht gemacht! Wer euch in die Hände fällt, sei euch verfallen! Wie vor tausend Jahren die Hunnen unter ihrem König Etzel sich einen Namen gemacht, der sie noch jetzt in Überlieferung und Märchen gewaltig erscheinen läßt, so möge der Name Deutscher in China auf 1000 Jahre durch euch in einer Weise bestätigt werden, daß es niemals wieder ein Chinese wagt, einen Deutschen scheel anzusehen!«

Drei Jahre zuvor, am 6. Dezember 1897, hatte sich der Staatssekretär des Auswärtigen Amtes, Bernhard von Bülow, im Rahmen einer Reichstagsdebatte zur deutschen Kolonialpolitik ähnlich geäußert: »Wir wollen niemand in den Schatten stellen, aber wir verlangen auch unseren Platz an der Sonne.«

Kann man also sagen, der fesche, unkonventionelle, meist gut gelaunte Minister Robert Habeck stehe mit mindestens einem Bein in der Tradition des deutschen Imperialismus? Ja, man kann, wobei man natürlich den Unterschied nicht übersehen sollte. Habecks grüner Imperialismus entfaltet sich im Luftreich der Träume.

Ein Land, das mit gerade 1,5 % zum globalen CO_2-Ausstoß beiträgt, soll »klimaneutral« umgebaut werden, um anderen Ländern als Vorbild zu dienen. Der Preis dafür ist hoch – Arbeitslosigkeit, Deindustrialisierung, Inflation, Zerstörung sozialer Strukturen. Um den Traum zu finanzieren, müssen neue Schulden, sogenannte »Sondervermögen«, aufgenommen werden. Derzeit ist von zweimal 400 Milliarden Euro die Rede, für Verteidigung und Infrastruktur. Nur zum Vergleich: Der Bundeshaushalt 2024 betrug 466 Milliarden Euro.

Es gibt aber auch positive Nachrichten. Migration und Integration sind auf einem guten Weg, ganz im Sinne von Olaf Scholz und seinem Versprechen: »You never walk alone!«

Kurz vor der Bundestagswahl reiste der Kanzler nach Nürnberg, um dort eine 93 Jahre alte Türkin zu treffen, die eben eingebürgert worden war. Um sich mit ihr unterhalten zu können, war er auf die Hilfe eines Übersetzers angewiesen. Scholz sagte: »Ich bin sehr dankbar für die große Lebensleistung, die Sie zustande gebracht haben. Ich finde das ganz toll, und dass Sie sich nach Ihrem langen Leben in Deutschland entschieden haben, die Staatsbürgerschaft zu werden [sic!], das ist eine gute Entscheidung.« Nachdem ihr die frohe Botschaft übersetzt wurde, soll Fatma T. »gerührt« genickt und auf Türkisch versprochen haben, die SPD zu wählen.

Jaaa, das ist Politik mit menschlichem Antlitz. Hätte sich Olaf Scholz mehr Zeit genommen, um jeden potenziellen SPD-Wähler mit Migrationshintergrund persönlich zu besuchen, wäre ihm vielleicht die Schmach am 23. Februar erspart geblieben.

In diesem Sinne: Gute Nacht, Deutschland!

KAPITEL 1

Märchenland im Phrasennebel – das Narrativ zählt, nicht die Wirklichkeit

WAS JETZT GESCHEHEN MUSS!

Der Bundestag ist gewählt, die parlamentarischen Mehrheiten haben sich geändert, eine neue Regierung nimmt alsbald ihre Arbeit auf. Die drängenden Probleme, die angepackt werden müssen, liegen auf dem Präsentierteller. Wie gut, dass es kluge Zeitungskommentare, Titelgeschichten, Podcasts, Blogs und ganze Bücher gibt, die uns erklären, »was jetzt geschehen muss«.

Besonders beliebt ist das Spiel mit Zahlen à la »Die zehn wichtigsten Sofortmaßnahmen!« oder »Wie die Wirtschaft wieder in Schwung kommt – sieben goldene Regeln« oder auch »Die Migrationskrise – wie man sie in drei Monaten in den Griff bekommt«. All den Wirtschafts- und Politikexperten ist freilich Donald Trump um Meilen voraus, der den Ukrainekrieg in einem einzigen Tag beenden und Millionen illegaler Einwanderer deutlich schneller abschieben wollte, als sie zu Fuß über die mexikanische Grenze gekommen sind. Das sieht nun auch ein bisschen anders aus. Trumps finale Lösung: ein politisches Kettensägen-Massaker – national wie international. Was den Ukrainekrieg betrifft, hat er inzwischen offen die Seiten gewechselt und hofiert Putin.

Bei den deutschen Spezialisten für die Lösung schier unlösbarer Probleme, darunter etliche »Topjournalisten«, fällt auf, dass sie noch nie für ein politisches Spitzenamt kandidiert haben, um ihre ultimativen Ratschläge in die Praxis umzusetzen. Das könnte freilich auch daran liegen, dass sie schon in der Vergangenheit mit

Vorschlägen wie »Acht Schritte zu einer radikalen Steuerreform« und »Zweiundzwanzig Wege, um die Gesundheitsreform vom Kopf auf die Füße zu stellen« gescheitert sind, weil sich die Wirklichkeit nicht nach ihren Ideen gerichtet hat, was im letzten Fall am gesammelten Widerstand von Ärzten, Krankenkassen, Patientenvereinigungen und Klinikleitungen gelegen haben mochte.

Die älteren Zeitgenossen erinnern sich vielleicht noch daran, wie der legendäre Gründer des Nachrichtenmagazins *Der Spiegel,* Rudolf Augstein, anno 1972 für den Bundestag kandidierte und es als FDP-Abgeordneter in Bonn gerade einmal drei Monate aushielt. So lange dauerte es, bis ihm völlig klar war, dass er als *Spiegel*-Herausgeber ungleich mehr politische Macht und Einflussmöglichkeiten besaß als auf der Hinterbank im Bundestag oder in stundenlangen Ausschuss- und Fraktionssitzungen, wo seine Stimme genauso viel zählte wie die eines jeden anderen.

Die Erfahrung, dass journalistische Kritik an der Regierung, so notwendig sie ist, deutlich leichter – und unterhaltsamer – ist, als die dritte Novelle des Bundesgleichstellungsgesetzes durch die Ausschüsse und drei Lesungen im Bundestag zu bringen, hat sich weithin herumgesprochen. Eine rasante Glosse über das Lieferkettensorgfaltspflichtengesetz macht einfach mehr Spaß, als dieses bürokratische Ungetüm in all seinen verrückten Einzelheiten auf Hunderten Seiten studieren zu müssen, um darüber zu entscheiden, bevor es später wieder »novelliert«, modifiziert oder ganz abgeschafft wird.

Fast noch beliebter als gute Ratschläge an die Politik sind unter Journalisten und Talkshowexperten politische und gesellschaftliche Prognosen, die unvermeidlich spekulativ sind, obwohl sie auf Erfahrungswerten beruhen. Auch hier erweist sich allerdings, dass der Vorhersagezeitraum zutreffender Einschätzungen meist nur wenige Tage beträgt.

Spektakuläre Beispiele sind die beiden Wahlsiege Donald Trumps 2016 und 2024, der russische Angriffskrieg in der Ukraine

2022 und der Fall der Berliner Mauer am 9. November 1989. In allen Fällen hatten die meisten professionellen Auguren der Medienbranche die historischen Ereignisse noch einen oder zwei Tage vorher nicht auf dem Schirm – und Anfang 1990 lag die deutsche Wiedervereinigung für viele publizistische Spitzenkräfte weit jenseits ihrer Vorstellungskraft – umso schneller wurde sie Wirklichkeit.

Noch während die Gegenwart rasant in die Zukunft stürmte, wurden neue, als Prognosen getarnte Horrorszenarien entworfen. Sie prognostizierten die Entwicklung des vereinten Deutschlands zu einer Art »Viertem Reich«, das den Rest Europas noch einmal unter seine – dieses Mal ökonomisch-finanzielle – Knute zwingen könnte.

Zu den waghalsigsten politischen Vorhersagen der jüngeren Zeitgeschichte gehört allerdings Angela Merkels berühmt-berüchtigtes Drei-Worte-Diktum »Wir schaffen das!« vom 31. August 2015. Man hätte damals vielleicht doch mal kurz nachfragen sollen: »Was genau, bitte schön?« Die Aufräumarbeiten, um mit der historischen Fehlprognose und ihren Spätfolgen auch nur einigermaßen fertigzuwerden, wird die neue Regierung umgehend in Angriff nehmen müssen. So viel ist sicher.

All das lässt Demut ratsam erscheinen, weshalb hier weder ein 100-Tage-Aktionsprogramm für die neue Bundesregierung ausformuliert noch die Wahrscheinlichkeit eines Wirtschaftswunders 2.0 vorhergesagt wird. Das überlassen wir gerne den Kollegen und jenen Politikern, die immer wieder neu künftige Mirakel der Wiederauferstehung versprechen, ohne ein Wort über all ihre vergangenen Pleiten zu verlieren.

Wir beschränken uns darauf, was wir können: die Beschreibung dessen, was gerade so vor sich geht in Germanistan. Das ist spannend genug.

WO, BITTE, GEHT'S ZUR MITTE?

Nachdem die Bundestagsparteien jenseits des linken und rechten Rands trotz aller Befürchtungen doch noch eine Mehrheit erhalten haben, ist das, was man seit je die »politische Mitte« nennt, immerhin nicht wie in Frankreich und anderen europäischen Staaten zur bedrohten Art, zu einer aussterbenden Minderheit geworden. Das aber kann sich durchaus ändern.

Der Begriff ist ebenso diffus wie populär, unscharf und abgenutzt, ein »mobiler Deutungsort«, wie Ex-SPD-Chef Sigmar Gabriel einmal sagte. Bürgerliche Mitte, alte Mitte, neue Mitte, soziale Mitte, progressive Mitte – fast alle wollen irgendwie Mitte sein, weil dort, wie die Politikwissenschaftler sagen, die Wahlen gewonnen werden. Aber gehört die Grüne Jugend, die Friedrich Merz für einen »Reaktionär« und »Rassisten« hält, zur politischen Mitte? Oder jene Jusos und linken Sozialdemokraten, die immer noch dem »demokratischen Sozialismus« nachtrauern und als Ersatz eine Planwirtschaft light anstreben, flankiert von »Reichen«-, Erbschafts- und Vermögenssteuern, exorbitanter Schuldenaufnahme und einem weiter anwachsenden Sozialstaat, der wirklich niemanden zurück- und kein Lebensrisiko auslässt?

Wenn der Begriff der »Mitte« sinnvoll ist, dann als Bezeichnung jener politischen und gesellschaftlichen Kräfte, die die parlamentarische Demokratie, den Rechtsstaat und eine pluralistische Öffentlichkeit tragen und verteidigen – vor allem gegen jede Form von Extremismus. Der Rechtsphilosoph Ernst-Wolfgang Böckenförde brachte den Umstand, dass es ohne ein Fundament demokratisch gesinnter Bürger keine Republik geben kann, 1964 so auf den Punkt: »Der freiheitliche, säkularisierte Staat lebt von Voraussetzungen, die er selbst nicht garantieren kann.« Da hilft im Zweifel auch kein Bundesverfassungsgericht.

Maß und Mitte gehören dabei zusammen, ebenso wie Vernunft, gesunde Skepsis und abwägendes Räsonnement, Toleranz gegenüber Andersdenkenden und die Bereitschaft, Verantwortung zu übernehmen, im positiven wie im negativen Fall – für das Gemeinwesen wie für das eigene Handeln, Stichwort Rechenschaftspflicht. In einem Wort: Die Mitte steht in der Tradition der europäischen Aufklärung.

All das klingt wenig aufregend, fast langweilig, so ganz ohne mitreißende »Visionen« und begeisternde »Utopien«, ohne radikale Lösungen, die auf einen Schlag alle gesellschaftlichen Probleme beseitigen und den Frieden auf Erden bescheren würden.

So ähnelten sich die Wahlparolen der selbst ernannten »Mitte«-Parteien bis zur Ununterscheidbarkeit. Besonders beliebt sind »Modernisierung«, »Zukunft« und »Sicherheit«, »soziale Gerechtigkeit« und »Fortschritt«, gerne mit dem Zusatz »für unser Land«. Man verspricht selbstverständlich »Verlässlichkeit« und verbreitet »Zuversicht«.

Das Problem: Das Profil der »Mitte« ähnelt einem abgefahrenen Reifen, der immer wieder runderneuert, »aufgearbeitet« werden muss. Dabei hilft politisches »Framing«, also eine Botschaft, die möglichst viele anspricht und zugleich möglichst wenig sagt, wofür man später haftbar gemacht werden kann.

»Für ein Deutschland, in dem wir gut und gerne leben« lautete 2017 die zentrale Wahlkampfparole der CDU, und tatsächlich hatte Angela Merkel es zur Perfektion gebracht, sich als Mutter der politischen Mitte zu präsentieren, die sie über die Jahre heimlich, still und leise nach links verschob, sodass am Ende die Grünen ihre größten Fans waren.

Dieses Manöver einer politischen Achsenverschiebung gelang auch mithilfe ihrer dem norddeutschen Temperament anverwandelten Sprache, deren Sprödigkeit und rhetorische Schlichtheit auch dann noch Sachlichkeit und Vernunft auszustrahlen schienen, wenn sie unvernünftige Entscheidungen traf – etwa in der fatalen Russland-Politik oder dem überhasteten Ausstieg aus der Atomenergie, der bis heute die sogenannte Energiewende belastet. Mutlosigkeit, gar Feigheit, als Pragmatismus getarnt.

Die tagelangen Angela-Merkel-Festspiele anlässlich des Erscheinens ihrer Autobiografie, bei denen fast die gesamte Medienlandschaft strammstand und ein orchestriertes Festtagsspalier organisierte, haben noch einmal eindrucksvoll das deutsche Grundbedürfnis nach Konsens unter Beweis gestellt. Kein Wunder. Ihre völlig inhaltsleere Autobiografie, mit der sie nun auch offiziell beglaubigt, wie nachhaltig sie das Land eingeschläfert und ruhiggestellt hat, ist ein historisches Dokument; es belegt, wie erfolgreich sie bei der Beschleunigung des Schrumpfprozesses der politischen Mitte war. Die AfD ist Zeuge.

Eben noch hatten die gescheiterten Ampel-Koalitionäre bei der Verteidigung ihrer katastrophalen Bilanz auf die schwere Bürde der Merkel-Jahre verwiesen, nun wurde die rüstige Uckermärkerin mit dem Edith-Piaf-Syndrom – »Je ne regrette rien« – wieder im gnädigen Licht jener sechzehn Jahre Kanzlerschaft gesehen, die zwar nicht gerade golden waren, aber doch irgendwie wärmend für die Seele und auf jeden Fall besser als der bedrohlich wirkende »neoliberale« Merz-Spar-Sound, der in vielen Ohren allzu hart und ungemütlich klingt.

In der rauen Wirklichkeit ist diese sentimental gefärbte Konsensblase freilich längst geplatzt. Die politische Mitte, die in den Siebziger- und Achtzigerjahren noch mehr als 90 Prozent Zustimmung verzeichnete – Beispiel Bundestagswahl 1987: CDU/CSU 44,3 %, SPD 37 % FDP 9,1 % Grüne 8,3 % –, ist ähnlich wie in ganz Europa dramatisch geschrumpft. In den östlichen Bundesländern, wo die DDR-Prägung immer noch ihre Spuren hinterlässt, kann sie jetzt schon alleine keine stabile Mehrheit mehr bilden und ist auf die Putin-Freunde des BSW angewiesen. Umso erstaunlicher, dass anders als etwa in Frankreich, Italien und Holland die deutschen Christdemokraten als große Volkspartei überlebt haben und nun den neuen Kanzler stellen.

Doch der Druck von rechts und links außen, AfD, Bündnis Sahra Wagenknecht und Linkspartei, hält an. Eigentlich ist es eine Binsenwahrheit, dass das Versagen der politischen Mitte auf vielen Politikfeldern – zuvörderst in der Asyl- und Migrationskrise, aber auch bei Bildung, Infrastruktur und Sicherheit – zu einer Vertrauenskrise geführt hat, von der vor allem die AfD profitiert. Dass sie derart dauerhaft vor den Sozialdemokraten liegt, sollte genügen, um nachhaltig ins Grübeln zu geraten, woran das liegen könnte. Doch immer noch glaubt die SPD, mit Durchhalteparolen (»Unterhaken!«, »Solidarität!«, »Zusammenhalt«), PR-Mätzchen und Angriffen auf den politischen Gegner ihre anhaltende Schwäche zu kompensieren.

Dabei ist es ganz einfach: Die ruhmreiche Arbeiterpartei von Bebel, Liebknecht, Ebert, Scheidemann, Schumacher und Brandt vertritt weithin nicht mehr die Interessen derer, die sie jahrzehntelang gewählt haben. Exemplarisch das Paradeprojekt namens »Bürgergeld«, von dem inzwischen weit mehr Ausländer, Flüchtlinge und Migranten profitieren als die ursprüngliche Zielgruppe deutscher Arbeitsloser, die zuvor meist jahrzehntelang einer Beschäftigung nachgegangen waren.

Als soziale Großtat geplant, erweist sich das Ganze nun als Steuergeld verschlingendes, für den Arbeitsmarkt schädliches und sozial ungerechtes bürokratisches Monstrum, das die kommende Regierung bändigen oder ganz abschaffen muss. Da die SPD den Sozialstaat zur Tabuzone erklärt hat, auch wenn er immer neue Ungerechtigkeiten, steigende Kosten und jede Menge Fehlanreize samt Mitnahmeeffekten hervorbringt, ist sie nicht in der Lage, eine konsistente Reformpolitik für die Mehrheit der Bevölkerung zu entwickeln – also für die arbeitende Mitte.

By the way: Seit »Hartz IV« gilt allein der Begriff »Reform« als toxisch, ähnlich wie das Wort »sparen«, auch wenn es in der politischen Sphäre allenfalls bedeutet, dass etwas weniger Schulden aufgenommen werden als geplant. Der Schuldenberg an sich samt Zinsen – allein im Bundeshaushalt mehr als 30 Milliarden Euro pro Jahr – wächst natürlich immer weiter. Das ficht die Verächter der im Grundgesetz verankerten Schuldenbremse nicht an, obwohl ein Blick nach Frankreich, wo de facto eine Staatspleite à la Griechenland droht, durchaus »hilfreich« (Merkel) wäre.

Das wird nun Aufgabe einer neuen Koalition sein, die zuallererst eine Art Kassensturz machen wird, bei dem auch die Tatsache zur Sprache kommen muss, dass inzwischen ein Viertel des Bundeshaushalts aus Steuerzuschüssen für die gesetzliche Rente besteht – ein struktureller, auf Dauer unbezahlbarer Wahnsinn. Rechnet man die Ausgaben für die Asyl- und Flüchtlingspolitik, Bürgergeld und andere Sozialausgaben hinzu, dann kommt man schätzungsweise auf einen Betrag von jährlich 300 Milliarden Euro, mehr als die Hälfte des gesamten Haushalts.

Dass all das erst einmal erarbeitet und verdient werden muss, ist inzwischen bei vielen in Vergessenheit geraten. Laut einer Erhebung der OECD wird in keinem Land so wenig gearbeitet wie in Deutschland – bezogen auf die Jahresarbeitszeit etwa 200 Stunden weniger als im europäischen Durchschnitt. Nun erzeugt nicht jede Stunde Arbeit die gleiche Wertschöpfung, aber der grundsätzliche, gleichsam metaphysische, ja moralische Wert der Arbeit ist in Deutschland in Verruf geraten – zu viel, zu lang, zu stressig, zu schlecht bezahlt und überhaupt: warum eigentlich? Es geht doch um die angemessene Work-Life-Balance, um das eigene, unwiederbringliche, einmalige Leben! Das Mindeste ist die Viertagewoche mit Tendenz zur Dreitagewoche samt Homeoffice und regelmäßigen Sabbaticals.

Jenseits der Zeitgeist-Polemik zwischen »Babyboomern« und »Generation Z« liegt die historische Wahrheit, dass der Aufstieg des Bürgertums im Europa der Kaiser und Könige seit dem 16. Jahrhundert auf das Engste mit Arbeit, Tatkraft, Leistungsbereitschaft, Selbstbewusstsein und Zukunftsoptimismus verbunden war – nützliche Sekundärtugenden einer neuen, aufstrebenden Klasse, die die Geschichte des Kontinents bis heute prägt: die bürgerliche Mitte der Gesellschaft.

Als profilierte gesellschaftliche Formation ist sie freilich kaum noch erkennbar. Zwar ist sie zur begehrten Zielgruppe von Wahlkampagnen für Besserverdiener, Steuerzahler und Gutlebende geworden, »Leistungsträger« eo ipso, eine Konsum-affine Klientel mit Hang zu Fernreisen, guten Restaurants und schönen kulturellen Erlebnissen, doch sie tritt nicht mehr als souveräne Kraft auf, die eine dynamische Agenda verfolgt. Sie konzentriert sich auf die Wahrung der eigenen Interessen, versucht, auch in Krisenzeiten den privaten Wohlstand zu mehren, und schickt die Kinder gerne auf Privatschulen, wenn die öffentlichen Schulen in der näheren Umgebung einen zu hohen Anteil an Schülern mit Migrationshintergrund aufweisen. Die Grünen kann man ja trotzdem weiter wählen. Auch Ungläubige dürfen Ablasshandel betreiben.

Jetzt aber, nach der Bundestagswahl, wird die bürgerliche Mitte mit den aktivierbaren Restbeständen von Bildung, Engagement und Verantwortungsbewusstsein für das »Ganze« dringend gebraucht – als politische Kraft einer entschiedenen Veränderung der Verhältnisse, die am Ende allen zugutekommen sollte.

Am wichtigsten: eine Renaissance der Marktwirtschaft jenseits des planwirtschaftlichen Staatsdirigismus, Durchforstung des irrsinnigen Bürokratiedschungels, eine große Bildungsoffensive von der Grundschule bis zur qualifizierten Berufsausbildung, dazu die massive Verringerung der illegalen Migration, Stärkung der Kriminalitätsbekämpfung und eine effektive Reform des Sozialstaats – mehr Geld, vor allem Investitionen, für Menschen, die arbeiten, und weniger Transferleistungen für die, die nicht arbeiten, obwohl sie es könnten.

Wenn das die furchtbare »Rückkehr in die bräsigen Neunzigerjahre« wäre, den die famose SPD-Vorsitzende Esken bei einer Kanzlerschaft von Friedrich Merz so sehr fürchtete, dann her damit, wobei die Verwendung des Attributs »bräsig« für die Jahre des Aufbruchs nach Mauerfall und Wiedervereinigung nichts weiter ist als eine Projektion der eigenen Geschichtsblindheit: sozialdemokratisches Provinzlertum mit Spätzle-Hintergrund.

Es wird allerdings nicht auf Esken & Co. ankommen, sondern darauf, ob sich die noch existierende politische Mitte dazu aufraffen kann, den politischen Bruch mit der woken Ampel-Republik wenigstens mit Sympathie zu begleiten. Andernfalls wächst die Wahrscheinlichkeit, dass man beim nächsten Mal zum Schluss kommen könnte: Isch over, Baby!

Dann übernehmen die Leute mit den radikalen »Visionen«, vor denen schon Helmut Schmidt gewarnt hat.

HEY DIGGA, HIER GIBT'S DIE HARTEN NEWS!

Die *Tagesschau,* jahrzehntelang die Benchmark der öffentlich-rechtlichen Fernsehnachrichten (siehe Kapitel »Und ewig blubbert die Medienblase«), geht »den Weg leichter Modernisierungen«, wie es in offiziellen Verlautbarungen heißt, entschlossen weiter. Längst schon sitzen die Sprecher und Moderatoren nicht mehr stocksteif am Schreibtisch, sondern stehen neben oder vor ihm, wandern ein bisschen durchs Studio, während sie von der Welt da draußen berichten. Die Krawattenpflicht für männlich gelesene Sprecher*innen ist ebenso gefallen wie der harte Gong zu Beginn der Sendung, die immerhin noch um Punkt 20 Uhr beginnt. Auch hier stellt sich die Frage, warum es in derart volatilen Zeiten auf die Minute ankommen soll.

Inzwischen ist eine weitere Innovation zu vermelden: Die Begrüßungsformel »Meine Damen und Herren« wurde abgeschafft. Der Satz »Guten Abend, meine Damen und Herren, ich begrüße Sie zur Tagesschau« fiel zuletzt am 20. November 2024. Seitdem heißt es »Guten Abend, ich begrüße Sie zur Tagesschau«. Ein historisches Datum für den gesellschaftlichen Fortschritt in Germanistan, für geschlechtergerechten Zusammenhalt, Inklusion und soziale Achtsamkeit.

Die *Tagesschau,* so der zuständige Norddeutsche Rundfunk im besten Beamtendeutsch, orientiere sich zunehmend »am gesprochenen Wort statt an formeller Schriftsprache«. Das gelte auch für die Begrüßung. Die Veränderung basiere auf einer qualitativen Zuschauerbefragung und entspreche »dem Wunsch nach einer authentischen und zugänglichen Ansprache«. *Tagesschau*-Chef Marcus Bornheim ergänzte in einem Interview: »Wir wollen die Nachrichten deshalb so texten, wie man sie seinen Nachbarn am Gartenzaun oder der Familie beim Abendessen erzählen würde.«

Nun ist es so, dass nicht nur bei privaten Umfragen unter jungen Leuten diesseits und jenseits des Gartenzauns in überwältigender Eindeutigkeit herauskommt, dass praktisch niemand von ihnen mehr *Tagesschau* oder *heute* schaut. Alternative Informationsquellen im Internet, egal, wie man sie bewertet, stehen in schier unbegrenzter Zahl zur Verfügung, und so hat auch die heilige Fernsehtradition seit den Fünfzigerjahren ein Ende gefunden, als der Ablauf des Abends sich strikt an der 20-Uhr-Tagesschau orientierte, vom gemeinsamen Einnehmen des Abendbrots mit Käse-Igel, Radieschen-Nest und Gewürzgurke bis zur Gestaltung der Sitzgruppe mit dem idealen Abstand zum Fernsehgerät, auf dem damals noch eine meist wackelige, leicht verbogene Zimmerantenne stand.

Obwohl es jetzt auch die »Tagesschau in einfacher Sprache« für jene 17 Millionen (!) Menschen in Deutschland gibt, die laut ARD nicht in der Lage sind, »komplexe Texte zu verstehen«, scheint man die Jugend nicht mehr zurückgewinnen zu können für die fünfzehn Minuten, die einst die Welt bedeuteten. Läge es da nicht nahe, dem »Wunsch nach einer authentischen und zugänglichen Ansprache« (NDR) noch stärker zu folgen und das verstaubte Setting der *Tagesschau* konsequent aufzumischen?

Warum etwa soll Constantin Schreiber, der selbst ohne Krawatte immer aussieht wie frisch aus dem Ei gepellt, nicht mal in einem schlabbrigen Hoodie auftreten und die Begrüßungsformel von Tag zu Tag variieren, je nach Lust und Laune? Mal könnte er spaßig, im Jargon der aufgeschlossenen Jugend, »Hey Digga, Yurr, Leute, was geht?!« raushauen und ein anderes Mal für die Generation Schluffipullover – die mit dem Robert-Habeck-Armbändchen am Küchentisch – »Schön' Abend! Okidoki, die Nachrichten! Passt das für euch?« säuseln. Oder einfach, aber saucool »Hallöle und Schalömle, Salam Aleikum, Ungläubige!«. Das wäre auch noch eine blitzsaubere, non-binäre Anrede. Unlängst begrüßte Jens Riewa die jungen Zuschauer der Nachrichtensendung *tagesschau together,* die auf der Streaming-Plattform Twitch ausgestrahlt wird, schon in vorbildlicher Jugendsprache mit »'n Abend Chat«.

Julia-Niharika Sen und Susanne Daubner könnten im bunten Wechsel zu Tank Top, Ledermini und Latzhose greifen und, je nach Tagesstimmung, allen politisch korrekten Genderfreund*innen und fortschrittlichen *Monitor*-Fans im Georg-Restle-Sound zurufen: »Hallo, liebe Zuschauende und Mensch*innen, die Schournalismus mit Hintergrund lieben, auf geht's!«

Hauptsache, alle fühlen sich irgendwie angesprochen, mitgenommen und wertgeschätzt. Wer braucht da eigentlich noch diese doofen, vom Teleprompter abgelesenen Nachrichten, die die Hälfte der Leute eh nicht versteht?

Eben.

MANNO, ECHT HARTE ZEITEN!

Fünf Milliarden Euro muss das Bundesland Berlin in den Jahren 2025 und 2026 sparen, um den Haushalt nicht völlig aus dem Ruder laufen zu lassen – trotz vieler Milliarden aus dem Länderfinanzausgleich. Selbst der Kulturhaushalt wird nicht verschont: Von mehr als einer Milliarde Euro, die der Etat pro Jahr vorsieht, müssen 130 Millionen eingespart werden, also etwa 13 Prozent. Hier und da wurden nach massiven Protesten einzelne Kürzungen wieder rückgängig gemacht, doch die Kulturbranche tobte dauerhaft, vor allem jene »freie Szene«, die von Staatsknete lebt, sich ihre Freiheit also vom Steuerzahler finanzieren lässt. Wochenlang herrschte in Berlin Weltuntergangsstimmung. Wie soll man in der deutschen Hauptstadt mit 950 Millionen Euro im Jahr künstlerisch über die Runden kommen? Wie soll man die provokativ-gesellschaftskritischen Tanzperformances, die subversiven, queer-feministischen Videoinstallationen und all die progressiven, antiglobalistischen Off-Theater-Projekte gegen Rassismus, Sexismus und Neoliberalismus auf die Bühne stemmen, ohne dass die staatskapitalistische CDU-Kohle von Kai Wegner & Konsorten weiterfließt?

Ein anderes Drama spielt sich derweil in den Berliner Schulen ab. Nein, es geht einmal nicht um Gewalt auf dem Schulhof und Analphabeten in der fünften Klasse, sondern um etwas sehr Schönes – gemeinsame Schulausflüge und Landaufenthalte, die natürlich, Sie ahnen es, den sozialen Zusammenhalt stärken. Doch auch hier schlägt der brutale Sparhammer zu und droht, die Zukunft der jungen Menschen zu zerstören. Der Berliner *Tagesspiegel,* der immer ein feines Gespür für skandalöse gesellschaftliche Fehlentwicklungen hat, titelte in fetten Lettern »Ostsee statt Côte d'Azur: Harte Einschnitte bei Berliner Klassenfahrten«.

Eine schlimme Sache. Ab sofort dürften Schulen nur noch »innerhalb eines engen Budgets Reisekostenzuschüsse für ihre Lehrkräfte beantragen«. Erschütterung und Mitgefühl der Zehlendorfer *Tagesspiegel*-Abonnenten waren programmiert: Kap Arkona statt Saint-Tropez, Ahrenshoop statt Nizza, Kühlungsborn statt Cannes! Traumatische Abwertungserfahrungen für 15-Jährige, die so schon in jungen Jahren lernen, was es heißt, diskriminiert, benachteiligt und zurückgelassen zu werden. You'll never walk alone, hatte Bundeskanzler Scholz ein ums andere Mal versprochen. Von wegen!

Hier muss die neue Bundesregierung mit ihrer Kompetenz in Sachen Bildungspolitik entschlossen umsteuern im Sinne einer umfassenden inklusiven Klassen-Gerechtigkeit. Denn Monte Carlo ist für alle da, auch für die 10b aus Moabit!

DEUTSCHLAND EINIG PHRASENLAND

Wenn wieder einmal ein großes »Sondervermögen« aus dem Hut gezaubert oder ein neuer schuldenfinanzierter »Doppel-Wumms« öffentlich angekündigt wird, möchten nicht nur professionelle Spötter hierzulande ausrufen: »Völker der Welt, schaut auf dieses Land!« Entgegen allen Unkenrufen entwickelt es sich prächtig. Zumindest formulierte es Robert Habeck, legendär gescheiterter Ampel-Vizekanzler und Wirtschaftsminister, selbstbewusst wie Bolle: »Ich habe das Land in Fahrt gebracht wie kein anderer Wirtschaftsminister zuvor!« Diese Form der Bescheidenheit erinnert an Gesundheitsminister Karl Lauterbach, der in seinem unverwechselbaren rheinischen Corona-Singsang kundgetan hatte, Olaf Scholz sei »der beste Kanzler, den wir je hatten«.

Kenner der Berliner Szene behaupten felsenfest, dass er dabei nicht unter dem Einfluss von Cannabis stand, dessen Legalisierung freilich die marokkanische Drogenmafia zu überzeugten Fans der Ampelregierung werden ließ. In deren Kreisen ist die Freude über die staatlich angeordnete Ausweitung des Drogenmarktes groß – Holland, woher die Großdealer meist kommen, dient als leuchtendes Vorbild.

Derweil hat das »grune Wirtschaftswunder« (Ex-Kanzler Scholz) seine Wirkungen bereits voll entfaltet: Die Autoproduktion bricht dramatisch ein, VW schließt mehrere Werke, Unternehmer verlagern ihre energieintensive Produktion ins Ausland, die Zahl der Insolvenzen und die Arbeitslosigkeit steigen – insgesamt ein fantastischer Zugewinn an Umweltschutz und nachhaltigem ökologischem »Down-Sizing«, neudeutsch »Degrowth«. Die Dreitagewoche ist zum Greifen nah, allerdings ohne vollen Lohnausgleich. Aber Verzicht ist klimapolitisch das Wachstum von morgen, ein Gewinn für alle.

Vom Wirtschaftsexperten Habeck hatten wir ja gelernt, dass niemand insolvent werden muss, wenn die Produktion aufhört. Irgendwie ging es immer weiter im Märchenland Deutschland, wo die nachhaltige Produktion von Phrasen, Narrativen und ideologischen Nebelschwaden niemals Konkurs anmeldet. Die haben sich zwar unterdessen verzogen, aber das Zeitalter daueraufgeregter digitaler Massenkommunikation bringt immer noch vor allem zwei rhetorische Muster hervor: auf der einen Seite extrem polemische, oft vulgäre, brutale und dumme Wortmeldungen, Kommentare und »Posts«, auf der anderen Seite politische Phrasen und Allgemeinplätze, abgedroschene Sentenzen, die die Dinge vernebeln, anstatt sie aufzuklären.

So besteht etwa die angebliche »Vision« der privaten »Schwarzkopf-Stiftung« laut ihrer Website in einem »Europa der Offenheit, Solidarität und Demokratie mit einer inklusiven, offenen, pluralistischen Zivilgesellschaft«. Man schaffe »Räume und Möglichkeiten für junge Menschen, ein politisches Bewusstsein und eine Vision für die Gesellschaft zu entwickeln«. Eine solche Vision erfordere »Mut, denn Veränderungen können nur durch Engagement und gemeinsame Werte angestoßen werden«. Die Werte, an denen sich die Schwarzkopf-Stiftung orientiere, seien »Weltoffenheit, Inklusion, Pluralismus, Demokratie und Solidarität«. Mehr nicht?

Loriot hätte daraus einen Sketch gemacht, wahrscheinlich mit Dr. Klöbner und Herrn Müller-Lüdenscheidt, mit und ohne Ente. Ein nichtssagendes Schaumgummi-Blabla, ein Sammelsurium von Nullsätzen, die man weder kritisieren noch befürworten kann. Böse

Ironie der Geschichte: Heinz Schwarzkopf, dessen Witwe die Stiftung 1971 mit seinem Geld gründete, war Mitglied von NSDAP, SA und SS gewesen.

Aber wie heißt es heute so schön: »Niemand darf ausgegrenzt werden!«

Es geht um Respekt, Wertschätzung und Zusammenhalt. Deutschland muss Vorbild sein, immer auf Augenhöhe mit dem Globalen Süden, wo »die Ärmsten der Armen« leben, die vom »Bürgergeld« nur träumen können. Deshalb muss »mehr Geld in die Hand genommen werden«, um den nächsten »Kipppunkt« zu vermeiden und »safe spaces« für all jene zu schaffen, die »nicht gesehen werden« oder sich »falsch gelesen fühlen«.

Gesinnungsstarke Phrasen, fromme Kalendersprüche und nichtssagende Redensarten, die eine Welt ohne Konflikte suggerieren, gab es immer. Neu ist der Boom der politischen Phrase in Tateinheit mit politischer Korrektheit und jenem Vorgang, der in der Linguistik Framing heißt, die bewusste Konstruktion eines Deutungsrahmens, in dem bestimmte Worte oder Formulierungen ihre propagandistische Wirkung entfalten. Stets geht es darum, die Realität mit den vermeintlich einzig zulässigen Worten zu beschreiben – der Triumph eines infantilen Schwarz-Weiß-Denkens, eine »rhetorische Mehlschwitze« (Alexander Kissler), »schwarze Löcher unserer Kommunikation«, in denen die Debatte verschwindet, bevor sie überhaupt beginnen kann. All die Politphrasen simulieren ein Reflexionsniveau, dessen Hauptmerkmal eine vordergründige Scheinplausibilität ist. Doch die woken Grünen, einst treibende Zeitgeistkraft der gesellschaftlichen Veränderung, sind nun selber zu Getriebenen der realen Umbrüche geworden.

So flüchtet sich das Milieu in eine phrasenhafte Abwehrhaltung, die nicht zufällig an die konservative Reaktion auf gesellschaftliche Veränderungen in den Sechzigerjahren des vergangenen Jahrhunderts erinnert: spießerhafte Leersätze als rhetorische Brandmauer gegen die Wirklichkeit. Typisch, repräsentativ und stilbildend der

»Code of Conduct« des millionenschweren, von der Schöpflin Stiftung finanzierten Berliner Medienprojekts »Publix«:

»Unsere Grundprinzipien: Keine Toleranz gegenüber Diskriminierung und Rassismus. Wir lehnen jede Form von Rassismus ab. Hierzu zählen auch antimuslimischer Rassismus und Antisemitismus. Ebenso stellen wir uns entschieden und konsequent gegen jede Form von Sexismus, Klassismus, Transfeindlichkeit, Queerfeindlichkeit und jede andere Form von verletzendem, diskriminierendem und grenzüberschreitendem Verhalten. Dies gilt insbesondere im Hinblick auf geschlechtliche Identität, sexuelle Orientierung, Herkunft, Religion, neurologische Diversität, gesellschaftlichen und wirtschaftlichen Status, individuelle Befähigung, Aussehen, Alter und weitere Merkmale.« Uff.

Ältere Zeitgenossen mag dies an den Katechismus der katholischen Kirche erinnern.

UND EWIG BLUBBERT DIE MEDIENBLASE

Mein Osteopath tut es nicht mehr, meine Friseurin, mein Nachbar und viele andere Zeitgenossen auch nicht: Sie schauen nicht mehr *Tagesschau* und *heute,* weder *Tagesthemen* noch *heute journal.* Und auch nicht das *Morgenmagazin.* Sie halten es nicht mehr aus – nicht nur das Dauerbombardement mit Kriegs- und Katastrophennachrichten, sondern auch die Art und Weise, wie sie präsentiert werden.

Die älteren Germanistas und Germanistoleros werden sich noch an den legendären, 1991 verstorbenen *Tagesschau*-Sprecher Karl-Heinz Köpcke erinnern. Er wirkte zwar immer ein bisschen überkorrekt und stocknüchtern im Vortrag, sodass ihn einige Zuschauer für den eigentlichen Regierungssprecher hielten. Aber der Anzug saß, und sein Auftreten hatte den unschätzbaren Vorteil, dass die sachliche Information zwischen 20.00 und 20.15 Uhr den absoluten Vorrang hatte.

Seit einigen Jahren jedoch verstärkt sich bei vielen Menschen, die jetzt »Zuschauende« genannt werden, obwohl sie »Beitragszahlende« heißen müssten, der Eindruck, dass Auswahl und Präsentation der Nachrichten nicht mehr nach möglichst objektiven und nachvollziehbaren, freilich stets diskussionswürdigen Kriterien erfolgen, sondern im Zuge einer politisch-ideologischen Agenda: angesiedelt irgendwo zwischen Luisa Neubauer und Robert Habeck. Sie gibt sich nicht offen zu erkennen, und natürlich weisen die Redaktionen von *Tagesschau* und *heute* jede Kritik an politischer Einseitigkeit zurück, auch wenn jüngst eine Studie der Universität Mainz dem deutschen »Mediensystem« insgesamt eine »leichte Linksschiefe« attestiert hat.

Eine aktuelle Langzeitstudie der Technischen Universität Dortmund zu »Journalismus und Demokratie« wird konkreter: 41 Prozent der 525 befragten Journalistinnen und Journalisten in Deutschland stehen demnach den Grünen nahe. Spötter werden sagen: nur 41 Prozent? Gefühlt sind es 90 Prozent. Mit weitem Abstand folgen die SPD-Sympathisanten (16 Prozent), während die Freundinnen und Freunde der CDU in den Medien auf kümmerliche 8 Prozent kommen, kaum mehr als Linke (6 Prozent) und FDP (3 Prozent). In einem Wort: Rot-Rot-Grün, bei der Bevölkerung unten durch, hat in den Medien eine Zweidrittelmehrheit.

Wie grün gefärbt auch das sonntägliche Talkshow-Flaggschiff der ARD immer noch ist, zeigte sich im beginnenden Wahlkampf Ende 2024, als Robert Habeck zunächst mehr als eine halbe Stunde lang allein Caren Miosga gegenübersaß. Es war zwar nicht der inzwischen emblematisch gewordene Küchentisch, an dem er zuweilen für ein paar Minuten mit dem Volk ins authentisch inszenierte Gespräch kam, aber die Atmosphäre war ähnlich häuslich eingerichtet, mit einem Hauch deutscher Innerlichkeit versehen.

Wir sind eben doch ein Volk von Küchenphilosophen. Anders als bei Repräsentanten von CDU, CSU und FDP, erst recht bei denen der AfD, die schon mal ins strenge Verhör genommen werden, war die verständnisvolle Grundsympathie für den Bannerträger der guten grünen Sache im Fernsehstudio in jeder Minute zu spüren.

Da wurde es dann schon zur investigativen Sensation, aus dem freundlich blinzelnden grünen Spitzenmann herauszukitzeln, ja, er habe sich schon im Sommer 2024 »intensiv« selbst befragt, ob er »nach den letzten drei schwierigen Jahren überhaupt noch der Richtige sei« als Spitzenkandidat. Seine Antwort lautete natürlich

»Ja, ich kann und will das noch einmal probieren«. Probieren, klar. Alles kann, nichts muss.

»Das ganze Leben ist ein Quiz, und wir sind nur die Kandidaten«, sang einst Hape Kerkeling. Habeck, Kind der Siebzigerjahre, fügte im esoterischen Psychotherapiesound jener Zeit hinzu: »Aber dann kann ich es auch nur machen, wenn ich ganz bei mir selbst bin.« Und jeder weiß ja, wie wichtig es ist, immer bei sich selbst zu sein, auch dann, wenn man am Küchentisch anderer Leute sitzt oder bei Caren Miosga im Studio. Hauptsache, die Atmosphäre passt und lädt zu allerlei Schwurbeltalk ein. Habeck eben. Ein Mensch, ein Wort. Is klar.

Ohne ein Übermaß an professioneller journalistischer Distanz fragte Miosga nach: »Sie sind persönlich nicht eitel, aber gerade am besten geeignet, die Probleme der Zeit zu lösen, ist das richtig so?« Habeck antwortete im lässigen Ton forscher Selbstzufriedenheit: »Die Antworten, die wir geben, oder die ich gebe […] reichen ran an die Dimension der Wirklichkeit, und sie unterscheiden sich von denen der anderen Parteien.« Günter Gaus, die Älteren erinnern sich dunkel an den ebenso scharfen wie scharfsinnigen Fernsehinterviewer, hätte nachgehakt: »Wie denn genau?« Aber das wäre natürlich oldschool, völlig uncool und vorgestrig gewesen.

Miosga hatte anderes vor, ein kleines Spiel: »Wären Sie bereit für ein paar Küchentischfragen von mir? Wenn Sie in eine Zauberküche kämen, Herr Habeck, in der Ihnen ein Wunsch erfüllt werden kann, welchen würden Sie nehmen: Bundeskanzler werden oder den Literaturnobelpreis gewinnen?« Habeck schnaufte betont nachdenklich und sagte: »Ach, ich hätte jetzt etwas anderes gesagt, ich würde mir Frieden in Europa wünschen.«

Wenn das kein kritischer Journalismus ist! Als beim nächsten Mal FDP-Chef Lindner Miosga gegenübersaß, war das Studio von der Wohnküche zum polizeilichen Verhörraum mutiert. D-Day im Ersten: Was hat Lindner gewusst von jenem ominösen Ampel-Ausstiegspapier mit der Aussicht auf eine »offene Feldschlacht«? So berechtigt die stakkatohaft wiederholte Frage war, so sehr machte das sonntägliche Fernseh-»Tribunal« (Lindner) deutlich, wie schmuseweich die Konkurrenten Scholz und Habeck behandelt wurden.

Dem Bayerischen Ministerpräsidenten Markus Söder erging es anders. Im beginnenden Wahlkampf hielt die *Tagesthemen*-Moderatorin Julia-Niharika Sen dem CSU-Chef vor, er stehe ja »definitiv nicht links« und sei nicht »woke«, außerdem sei er »gegen das Gendern« und für »Law and Order« und eine »harte Linie gegenüber Migranten« – »dann klingt das doch ziemlich nach der AfD«.

Söders Antwort mag in ihrer Klarheit so manch braven ARD-Redakteur irritiert und überrascht haben, weil er sich nicht ins Bockshorn jagen ließ. Im Gegenteil. Er sagte: »Na, also entschuldigen Sie, das ist doch völlig absurd! Wenn Sie das so jetzt formulieren, wollen Sie wirklich sagen, dass Law and Order AfD ist? Wollen Sie sagen, dass jemand, der nicht für woke ist oder beim Gendern skeptisch ist, dass der AfD ist?«

Auch das ZDF gerät immer wieder in die Kritik, weil es allzu oft linke oder grüne Positionen bevorzugt. Beim »Schlagabtausch« der kleineren Parteien im Februar 2025 bestand das Publikum im ZDF-Fernsehstudio fast ausschließlich aus linken Studenten der beiden großen Berliner Universitäten, die ihren Applaus nur den beiden Vertretern von Linkspartei und Grünen zukommen ließen. Und Dunja Hayali, Moderatorin des ZDF-*Morgenmagazins*, merkt man in jedem Augenblick ihre politisch korrekte »Haltung« an, ob in der Art ihrer Fragen oder in Gestik und Mimik. Eher selten ist die ganz ungeschminkte Parteinahme. Max Uthoff, Gastgeber und zentrale Figur der ZDF-Kabarettsendung *Die Anstalt*, warb in einem öffentlichen Appell zur Bundestagswahl für die Linkspartei.

Es ist diese offensichtliche Voreingenommenheit, diese Einseitigkeit, die das unangenehme Störgefühl der unterschwelligen politischen Einflussnahme verursacht, das die Leute immer wieder befällt. Es wird dadurch verstärkt, dass meist nicht mit offenem Visier gestritten, geworben und argumentiert wird, also gerade nicht »transparent«, wie eine Lieblingsvokabel der Medienschaffenden (!) lautet. Wie rot-grün oder linksliberal viele ARD- und ZDF-Mitarbeiter*innen (sic!) ticken, lässt sich vor allem an ihrer Wortwahl, Prioritätensetzung und der Auslassung von Fakten erkennen, ohne dass sie sich direkt angreifbar, kritisierbar machen müssten. Im Zweifelsfall haben sie immer den passenden Experten zur Hand, der die Ängste der Bürger für statistisch unbegründet erklärt.

Vor allem bei den Themen Klima, Asyl und Energiewende gibt es einen diffusen Medienkonsens, der sogar die RTL-Nachrichten umfasst. So galt bis vor Kurzem noch jede Skepsis gegenüber der »Willkommenskultur«, jede Warnung vor einer Überforderung der Integrationsfähigkeit und jeder Hinweis auf den Zusammenhang von illegaler Migration und Kriminalität als Sakrileg, als vermeintlich rechte, gar rassistische Verirrung.

Als Anfang 2024 durch die »Enthüllung« eines obskuren »Geheimtreffens« in Potsdam der Eindruck entstand, alsbald sollten Millionen Migranten »deportiert« werden, waren ARD und ZDF dagegen sofort zur Stelle und trommelten für die Massendemonstrationen gegen »rechts«.

Wer Zweifel äußerte, geriet ins moralische Abseits. Das in Deutschland traditionell populäre Mitmach-Bedürfnis, das Unterhaken und Sich-Einreihen waren die Forderung der Stunde. Wer nicht mitmachen und sich an die Front zur Verteidigung der Demokratie, etwa am schicken Hamburger Jungfernstieg, abkommandieren lassen wollte oder unentschuldigt fehlte, machte sich verdächtig.

Die propagandistische Absicht versteckt sich hinter einer unhinterfragten Übereinkunft, die in den Redaktionen am Hamburger Rothenbaum und auf dem Mainzer Lerchenberg entstanden ist. Während auch vom allerobersten – und sehr gut bezahlten – Intendanten-Ausguck stets die »demokratische Streitkultur« beschworen wird, mag man es in den Fernsehstudios lieber einvernehmlich. Man will keinen Ärger und bloß nicht negativ auffallen. Das überlässt man gerne Thomas Gottschalk, jahrzehntelang der deutsche Fernsehheld. Lieber gendert man brav mit und lächelt Dunja-Hayali-haft in die Kamera, wenn von »Anwohnenden« die Rede ist, auch wenn die gar nicht mehr anwohnen, weil sie wegen einer alten Weltkriegsbombe ihre Wohnungen längst verlassen haben und in einer Turnhalle übernachten müssen, also bereits »Turnhallen-Übernachtende« sind.

Politische Botschaft first, sachliche Nachricht second: Die nüchterne Berichterstattung steht schon lange nicht mehr im Zentrum des öffentlich-rechtlichen Journalismus. Unvergessen, wie viele Tage es nach der Silvesternacht 2015/16 in Köln brauchte, bis im ZDF die ganze Dimension der massenhaften sexuellen Belästigungen und Vergewaltigungen von Frauen durch nordafrikanische Migranten halbwegs klar benannt wurde.

Vielleicht liegt hier der Kern der Sache: die Angst, vermeintlich »falsche« Reaktionen hervorzurufen, darunter den berüchtigten »Beifall von der falschen Seite«. Offenkundig hält man die Zuschauer für nicht reif genug, um zwischen einer kriminellen, gewalttätigen Minderheit und all den anderen zu unterscheiden. Daher wohl auch der subkutane Erziehungsgestus, der viele Nachrichtensendungen durchzieht, das grinsende Besserwissertum moralischer Überlegenheit. Wie lange wird es also noch weitergehen mit der notorischen Mischung aus Realitätsverzerrung, Problembeschönigung und Debattenverweigerung?

Der ehemalige Bundesinnenminister Thomas de Maizière (CDU) sagte dem ZDF nach einem vereitelten Terroranschlag vor Jahren, »Teile« seiner Antwort könnten »die Bevölkerung verunsichern«, weshalb er sie unterließ. Damit scheint er ungewollt auch das zentrale Motto im öffentlich-rechtlichen Fernsehen formuliert zu haben.

Dass es aber genau dieses Verschweigen von Teilen der Wirklichkeit ist, das die Bevölkerung verunsichert und wütend macht, kommt den Fernsehmachern nicht in den Sinn. Die Blase folgt ihren eigenen Gesetzen.

Die gute Nachricht: Jede Blase platzt einmal. Ein erstes Vorzeichen dafür war die *heute-show* vom 22. November 2024, in der beinah die halbe Sendezeit darauf verwendet wurde, die Grünen und ihren Messias namens Robert nach allen Regeln der Kunst durch den Kakao zu ziehen. Man rieb sich die Augen. Fast schien es, als habe Dieter Nuhr für einen Abend die Regie im ZDF übernommen, den sie dort sonst ja für einen Ausbund an reaktionärer Gesinnung halten. In der Parteizentrale der Grünen müssen die Drähte heiß gelaufen sein. Immerhin sah man fürs Erste von einer Anzeige wegen Majestätsbeleidigung ab.

SO VIEL BEDARFE GAB'S NOCH NIE!

Niemand kann sagen, wann es anfing. Inzwischen aber plappern es fast alle nach – Politiker, Medienfritzen, Forschende aller Fakultäten, Verwaltungsexperten, Firmenchefs und Kindertagesstättenleiter*innen: Bedarfe! Nein, nicht Bedürfnisse sind gemeint, denn von denen gibt es tatsächlich unendlich viele. Es geht um den Bedarf, etwa den wöchentlichen Bedarf an Pasta in einer süditalienischen Großfamilie, Artikel des täglichen Bedarfs, eine bedarfsgerechte Ausstattung der Unikantine, eine Bedarfshaltestelle auf dem Land, wo der Holzbedarf größer ist als in der Stadt, die wiederum mehr Energiebedarf hat, vom steigenden Platzbedarf für neu ankommende Geflüchtete abgesehen, die jede Menge Bedürfnisse mitbringen, die schließlich in einer Bedarfsgemeinschaft des Bürgergeldes ihre bedarfsgerechte Befriedigung finden.

Man sagt ja auch: »Mein Bedarf an frischer Luft ist für heute gedeckt« oder »Froh zu sein bedarf es wenig«. Karl Marx versprach für den Kommunismus, jeder könne dort nach seinen Fähigkeiten und Bedürfnissen leben. Von »Bedarfen« war nie die Rede. Nur von »Extra-Profiten« durch Monopole. Und da ist ja was dran.

Aber was ist nun mit diesem falschen Plural, diesem grässlich verkorksten Deutsch? Kann es am Samstagabend in der Trattoria Mare e Monti ernsthaft zu Mehrbedarfen an Spaghetti vongole kommen? Und wie groß sind nach Dr. Sommer die Bedarfe an wöchentlichen Liebesbeweisen in einer längeren Partnerschaft? Das

Bundesministerium für Arbeit und Soziales weiß Bescheid: Ein Mehrbedarf kommt selten allein. Im Amtsdeutsch heißt das so:

»Das Bürgergeld umfasst neben dem Regelbedarf, der in Höhe der sogenannten regelbedarfsrelevanten Bedarfe berücksichtigt wird, auch die angemessenen Bedarfe für Unterkunft und Heizung, soweit diese Bedarfe nicht durch Einkommen oder Vermögen unter Beachtung von Absetzbeträgen und Schonvermögen gedeckt sind. Hinzu kommen gegebenenfalls Mehrbedarfe für besondere Lebenslagen.«

Die Vermutung liegt nahe, dass die Seuche des falschen Plurals von Hubertus Heil eingeschleppt wurde und sich dann über unbekannte sozialdemokratische Virenträger wie Karl Lauterbach epidemieartig ausgebreitet hat.

Was uns betrifft, so sind sämtliche Bedarfe an grammatikalischen Verunglimpfungen der deutsche Sprache restlos aufgebraucht.

VORWÄRTS IMMER, RÜCKWÄRTS NIMMER!

»Wenn du im Loch sitzt, hör auf zu graben«, so lautet ein altes Sprichwort. Bei den Grünen ist es noch nicht angekommen. Der politische Absturz ist offenbar immer noch nicht tief genug, um nicht doch noch die nächste Weltrettungsidee auf den Markt der Möglichkeiten zu werfen. So wollte die grüne Kieler Mobilitätsdezernentin Alke Voß jüngst rückwärts Ein- und Ausparken auf Grundstückszufahrten verbieten. Autos sollten, jedenfalls in Kiel, nur noch vorwärts ein- und ausparken, um Unfälle zu vermeiden und das grüne Ziel der »Vision Zero« – ein Verkehr ohne Todesopfer – anzupeilen. Zynische alte weiße Männer spotteten schon, es sei kein Wunder, dass ausgerechnet eine Frau das Rückwärtseinparken verbieten wolle. Doch das örtliche Tiefbauamt hat den genialen Plan erst einmal gestoppt. Diese schnelle Reaktion könnte auch ein kleines Zeichen dafür sein, dass sich die Zeiten ändern.

Die Idee dahinter bringt uns jedoch auf Gedanken, denn überall lauern Gefahren im Alltag, die man durch konsequente Verbote in Richtung Zero/Nullkommanix drücken könnte. Berlin ist da schon auf gutem Wege: Immer mehr Parkplätze werden abgeschafft, Radspuren verbreitert und Straßen gesperrt. Rot-weiß gestreifte Plastikpoller sind das neue Wahrzeichen der Stadt. Was noch fehlt, ist die Abschaffung aller Parkhäuser und Tiefgaragen einschließlich der Frauenparkplätze. Das Gleiche gilt für Rechtsabbiegespuren, die allzu oft zur tödlichen Falle für Radler*innen und Radelnde werden. Ein Rechtsabbiegeverbot wäre auch aus politischen Gründen geboten. Am besten wäre es, wenn Straßenkreuzungen überhaupt verboten würden, weil sie zum gefährlichen Rechtsabbiegen verleiten. Am Ende freilich muss die autofreie Stadt stehen, in der sich nichts mehr bewegt außer Lastenfahrrädern, E-Rollern und hilflosen Senioren auf der Suche nach einem Fußgängerweg mit Ampel, denn auch diese Todesfallen wurden aus Sicherheitsgründen abgeschafft.

Aber auch zu Hause droht vor allem älteren Menschen Leid und Verderbnis. So sterben alleine in Deutschland jährlich rund 10 000 Menschen, darunter viele Senioren, vornehmlich an fatalen Stürzen in der eigenen Wohnung. Ein wesentlicher Grund ist das Auf- und Abhängen von Gardinen zum Zwecke gründlicher Reinigung derselben. Das überfällige Gardinenverbot fiele allerdings nicht in die Zuständigkeit der Kieler Mobilitätsdezernentin, sondern in die Kompetenz des Dezernenten für Soziales, Gesundheit, Wohnen, Sport und Heimtextilien.

Gerade die Deutschen wissen aus leidvoller Erfahrung: Vorbeugen ist alles. Da kennen sich die Grünen aus. Vom bunten Anarchistenhaufen sind sie zu Repräsentanten eines allgegenwärtigen Staats-TÜV geworden. Bleibt abzuwarten, wie oft in Zukunft Tiefbauämter helfend eingreifen müssen.

DISKRIMINIERUNGSERFAHRUNGEN EINES SAUERLÄNDERS

»Soll ich vielleicht den wählen?!«, stöhnte mein Osteopath kurz vor der Bundestagswahl im Februar. (Sie merken, wir pflegen auch während der Behandlung einen intensiven geistigen Austausch.) Mit dem Gesicht nach unten lässt sich schwer antworten, aber man muss ja auch nicht auf jede Frage sofort eingehen. Allerdings wurde sie sehr oft gestellt, seit mit einem Bundeskanzler Friedrich Merz ernsthaft zu rechnen war. »Nein, bloß nicht den Merz!«, hörte man auch im privaten Umkreis, oft genug von Leuten, die weder dem Postbolschewismus einer Sahra Wagenknecht nahestehen noch Björn »Bernd« Höcke als neuen Führer betrachten, der Deutschland wieder zu alter germanischer Größe aufrichten wird.

Auch Freunde von Olaf Scholz waren inzwischen rar gesät, und Fans von Britta Haßelmann, der ehemaligen grünen Fraktionsführerin im Deutschen Bundestag, fand man auch selten unter denen, die vor drei Jahren noch Robert Habeck als neuen Küsten-Willy-Brandt der Grünen bewunderten. Auch das hatte sich nicht nur wärmepumpenmäßig erledigt, und so hätte man die Merz-Verächter gerne zurückgefragt: »Wen denn dann?!« Olaf Scholz, den schwächsten deutschen Kanzler seit 80 Jahren, gegen dessen tonlos hingenuschelte Stanzen-Rhetorik noch das Laubrascheln im Spätherbst eine abwechslungsreiche Hörerfahrung ist?! Doch nicht den fliegenden 11,6-Prozent-Robert, der sich allen Ernstes als »Kanzlerkandidat« aufstellen ließ, nachdem seine Klima- und Wirtschaftspolitik dazu beigetragen hatte, dass Deutschland wieder mal zum kranken Mann, pardon: zur kranken Frau Europas wurde (sorry, auch Metaphern müssen ja gegendert werden).

In ihrem *Tagesthemen*-Kommentar hatte die ARD-Kollegin Sarah Frühauf schon im September 2024 die wichtigsten Leitmotive der gängigsten Anti-Merz-Ressentiments kolportiert: Der »fast Siebzigjährige« – da war er noch 68 – vermittle »kein Bild des Aufbruchs«, weil er »im Politikbetrieb der Neunzigerjahre groß geworden« sei. Er wolle ins »Gestern« zurück, habe für die Zukunft »keine Idee« und wolle sogar das »Bürgergeld« zurückdrehen. Dass es schon unter der Ampel-Regierung zu überfälligen Korrekturen und Verschärfungen gekommen war, spielte keine Rolle. Die Botschaft lautete: Merz, ein Mann von gestern, voll Retro! Subtext: Alter weißer Mann, go home!

Wie aus der Pistole geschossen, hieß es auch im Leitartikel des *Spiegel:* »Seine politischen Ideen sind durchweg rückwärtsgewandt: Die Zukunft ist die Elektromobilität, Merz will den Verbrennungsmotor weiterlaufen lassen. An deutschen Grenzen will er Flüchtlinge zurückweisen, sollen sich doch die anderen EU-Staaten kümmern. Die Wirtschaft will er deregulieren, die Cannabisfreigabe zurücknehmen und Abtreibungen bis zur zwölften Woche illegal halten. Als Antwort auf das Problem des Rechtsradikalismus thematisiert Merz den Kampf gegen Clankriminalität. Um die Wähler der AfD zurückzugewinnen, übernimmt er deren Ressentiments.« Genau das, was auch die preisgekrönten und mit Steuergeld finanzierten »Omas gegen rechts« sagen.

Alles klar? Auch hier spielen Fakten eine untergeordnete Rolle. Inzwischen hatte die Ampel-Regierung selbst Grenzkontrollen angeordnet und den Kampf gegen Clankriminalität verschärft, während der Kauf von E-Autos eingebrochen war, weil die Konsumenten sie nicht wollen – egal. Der *Tagesspiegel*-Herausgeber Stephan-Andreas Casdorff fasste kurz zusammen: »Lange raus aus dem Geschäft, dem politischen, hat er dafür in der Zwischenzeit einer globalen Heuschrecke das Geschäft besorgt. Als Lobbyist der Wirtschaft ein abgehobener Millionär mit eigenem Flugzeug – so in der Art lauten die Zuschreibungen. Merz, der Mann, der aus der Kälte kam.«

Hartherzig, ohne Empathie für die »sozial Schwachen«, dazu auch noch mit hoher Intelligenz und stechender Rhetorik. Irgendwie logisch, dass die Grüne Jugend über ein halb abgeschnittenes, entsprechend ungünstiges Foto von Friedrich Merz den höhnischen Kommentar platzierte: »Deine Wahl für: Rassismus, keine Frauenrechte.« Merz wolle »mit Volldampf zurück in eine Welt, in der Frauen, queere und migrantisierte Menschen unterdrückt werden«. Was sonst? Nebenbei: Wie kann man Menschen »migrantisieren«? Wie funktioniert das?

Merz war und ist ein dankbares Feindbild nicht nur für fanatisierte Grünschnäbel und rot-grüne Parteigänger in den Medien, die ihre klimaneutral-gendergerechten Felle davonschwimmen sehen – er ist auch eine Projektionsfläche für eher volkstümliche »Argumente«: Er wirke »echt unsympathisch«, sagen viele, fliege mit »seinem Helikopter« schon mal auf die Insel Sylt (in Wirklichkeit ist es eine österreichische Propellermaschine Marke Diamond DA62, die 16 Liter auf 100 km verbraucht, weniger als mancher Allrad-SUV) und sei ein »neoliberaler« Millionär, der noch nie in einem Staatsamt Verantwortung übernommen habe.

In einer hammerhart akribischen Recherche verfolgte die linksradikale *taz* sogar jede Flugbewegung des Sauerländers (Grafik inklusive) und kam zu einem für das Weltklima verheerenden Ergebnis. Dank der Fluglisten der Wissenschaftsdatenbank Open Sky und der europäischen Flugkontrollorganisation Eurocontrol konnte die *taz* die Flüge von Merz' Maschine in den vergangenen drei Jahren analysieren: »Seit 2022 hat die Diamond DA62 mindestens 160 Mal abgehoben, also alle paar Tage. Insgesamt ist sie mehr als 50 000 Kilometer geflogen und hat dabei mehr als 23 Tonnen CO_2 emittiert.« Das entspricht ungefähr dem CO_2-Ausstoß für ein halbes Dutzend Flüge, die Ex-Außenministerin Annalena Baerbock allein bei ihrer völlig ergebnislosen »Pendeldiplomatie« in Sachen Israel, Hamas und Gaza-Krieg verursacht hat. Und alleine die deutschen Regierungsflüge zur Klimakonferenz im ägyptischen Scharm El-Scheich 2022 haben laut *Tagesschau* 308 Tonnen CO_2 freigesetzt. Da kann Merz noch etliche Gratisrunden über die Eifel drehen, bevor er regelmäßig die Flugbereitschaft der Bundeswehr nutzt.

Aber gut, dass die linken *taz*-Kontrollettis das alles einmal Punkt für Punkt nachgerechnet haben. Seit November 2024 hat die *taz*-Luftüberwachungszentrale in Berlin-Kreuzberg allerdings keine weiteren Flugbewegungen mehr festgestellt. Dennoch bleibt Merz der erste Bundeskanzler mit Pilotenschein, ein Selbstflieger aus dem Sauerland.

So schnell ändern sich die Zeiten – und mit ihnen die Prognosen und Fehleinschätzungen. Jetzt mag sich manch einer kaum noch an sie erinnern. Wir helfen gern: »Merz fällt als Wahlkampf-Zugpferd aus«, wusste der Wahlforscher Matthias Jung ganz genau, als auch die üblichen Auguren ein vorzeitiges Ampel-Aus noch nicht auf dem Schirm hatten. »Wenn er nun über 365 Tage lang Wahlkampf machen muss und jeden Tag rund um die Uhr im Rampenlicht für die gesamte Union steht, liegt da ein großes Störpotenzial, eine hohe Verwundbarkeit. Die Ampelparteien können wieder von Defensive auf Angriff umschalten.«

Sogar der Präsident des Deutschen Instituts für Wirtschaftsforschung (DIW), Marcel Fratzscher, ein Freund der Grünen, lag hauchzart neben der Realität, als er prophezeite: »Wenn Friedrich Merz schon Kanzler wäre, würde es der deutschen Wirtschaft vermutlich schlechter gehen.« Schlechter als zu Zeiten der genau daran zerbrochenen Ampel-Regierung, schlechter als jetzt? Auch die üblichen Verdächtigen unter den linksaktivistischen Lobbygruppen wie »Campact« und Social-Media-Influencer machten mobil gegen Friedrich Merz und seine angebliche Strategie der »Sabotage«, bei der er sogar die Interessen seiner Wähler*innen opferte, weil er einigen rot-grünen Gesetzesvorhaben kurz vor der Wahl seine Zustimmung verweigerte. Diese »schäbige Taktik« sollte öffentlich auf Plakaten rund um die CDU-Parteizentrale in Berlin »entlarvt« werden. So wollte man allen »Wähler*innen« zeigen, »wie verantwortungslos Merz agiert« und dass »sein Egotrip ihn wichtige Stimmen kosten« könne. Der dramatische Appell per Rundmail: »Sei auch du dabei, Reinhard, und fordere: Schluss mit dem Taktieren, Herr Merz – geben Sie die Gelder für Klima, Bildung und Soziales frei!« Wer da nicht mitmacht, ist ein verantwortungsloser, schäbiger und reaktionärer Lurch!

Nach der Abstimmung im Bundestag über das »Zustrombegrenzungsgesetz« gab es gar kein Halten mehr. In der linksgrünen bis linksliberalen Presse hieß es unisono »Merz kann es nicht«, in *taz*-Englisch »No, he can't!«, der »Tabubruch« war sein entscheidender strategischer Fehler, aus, das war's. In extremer Verdichtung dieser tagelangen Schimpfkanonade formulierte es der Chefredakteur des *Spiegel,* des ehemaligen Nachrichtenmagazins. Hier in voller Schönheit:

»In der Geschichte der Bundesrepublik hat kaum ein Spitzenpolitiker ein größeres Desaster angerichtet als der CDU-Kanzlerkandidat Friedrich Merz … Er hat die Brandmauer zur AfD einstürzen lassen und diese in Teilen rechtsextreme Partei gestärkt, zum Schaden der liberalen Demokratie. Er hat die Union gespalten. Er hat es den möglichen Koalitionspartnern SPD und Grüne überaus schwer gemacht, eine Regierung mit der Union zu bilden.

Er hat den natürlichen Verbündeten der Union, die FDP, in schwere Verlegenheit gebracht. Er hat die politische Mitte blamiert, indem er Hoffnungen auf eine striktere Einwanderungspolitik erst geweckt und dann enttäuscht hat. Er ist als politischer Stratege gescheitert und hat gezeigt, dass er für das Amt des Bundeskanzlers ungeeignet ist, womit bei dieser Wahl ein aussichtsreicher und geeigneter Kandidat fehlt.«

Nur zwei Wochen später titelte der *Spiegel* »Der Abkanzler«, ein

Abgesang auf die Ära Olaf. Friedrich Merz dagegen wurde plötzlich für einen Auftritt im ZDF gelobt: »Friedrich Merz ist der Sieger des Vierkampfs an diesem Abend … Als ihn am Ende eine Frau sorgenvoll nach möglichen Lieferungen des Marschflugkörpers ›Taurus‹ an die Ukraine fragt, versichert er ihr, kein Hasardeur zu sein: ›Ich kann Ihre Sorgen verstehen. Ich teile sie nicht, aber ich kann sie verstehen.‹ Kanzlerformat.« Aha.

So schnelllebig sind die politischen Urteile unserer meinungsmachenden Leitmedien.

Doch Ressentiments und glaubensrelevante Überzeugungen lassen sich nicht rational widerlegen. Sie sind ein unbestimmtes Gefühl – so wie die Empfindungen vieler Deutscher gegenüber Angela Merkel, die sie als ihre Schutzpatronin sahen. Ihre verheerende Erbschaft tritt erst jetzt zutage, nachdem Onkel Olaf sich nicht als würdiger Nachfolger erwiesen hat. Und nun? Ob mein Osteopath am Ende doch Friedrich Merz seine Stimme gegeben hat?

Der Druck im linken Oberschenkel ist jedenfalls weg. Und längst schon kann man die ersten »Merz-Gefallenen« bei der möglichst unauffälligen Anpassung an die neue Realität beobachten.

KAPITEL 2

Zeitgeistwandel – kommt jetzt der politische und gesellschaftliche Umschwung?

DIE WEINMESSE – EIN DEUTSCHES KULTURGUT

»Wo bleibt bei alldem das Positive?«, werden wir immer wieder gefragt. Da ist was dran. Doch wer auf die Suche gehen will, darf sich eben nicht in den politisch-medialen Parallelgesellschaften herumtreiben, Talkshows mit Saskia Esken und Katharina Dröge anschauen und sich ständig von den schier unentrinnbaren Fernsehnachrichten und strenggläubigen Politmagazinen wie *Monitor* quälen lassen – nein, er muss ins Leben der anderen eintauchen, der Leute »draußen im Lande«, wie es früher hieß. Also dorthin gehen, wo die viel beschworene »Zivilgesellschaft« schlicht aus ganz normalen Leuten besteht, die vom »Demokratiefördergesetz« noch nie etwas gehört haben.

Ein solcher Ort sind die zahlreichen Weinmessen in Deutschland, auf denen Winzer auf Weintrinker treffen – hart, aber fair und vor allen Dingen locker und fröhlich. Selbst an trüben Novembertagen verströmen diese Begegnungen zwischen familiären Weingutbesitzern und weltoffenen Weinliebhabern eine geradezu hedonistische Atmosphäre.

Das Ziel der Klimaneutralität 2030, »Kohleausstieg«, »Wärmewende« und »Schuldenbremse« müssen draußen bleiben. Hier interessieren nur die Brombeernote im Abgang und die ausgewogene, gut eingebundene Säure des Schwarzrieslings aus Tauberfranken. Das Publikum ist überwiegend weiß und heteronormativ, also cis-männlich und cis-weiblich, Jung und Alt gemischt.

Das Gewusel zwischen den Weinständen wird nebenbei zum Sinnbild einer Bürgergesellschaft, die sich ihre Freiheit ganz selbstverständlich nimmt und genießt. Auch zu fortgeschrittener Stunde bleibt es friedlich, niemand wird ausfallend, gar gewalttätig. Korkenzieher werden nicht als Waffe eingesetzt.

Man sieht kaum ein Kopftuch oder »People of Colour«, was vielleicht nicht so verwunderlich ist, da die Tradition deutscher Weinseligkeit zwischen Traben-Trarbach und Rüdesheim, Mosel und Rheingau immer noch eine eher autochthone Angelegenheit postgermanischer Eingeborener ist, womöglich eines der letzten Refugien jener »spezifischen deutschen Kultur«, die ansonsten, wie die ehemalige Vizebundestagspräsidentin Aydan Özoğuz schon 2017 feststellte, »jenseits der Sprache schlicht nicht identifizierbar« ist.

Für kulturelle Vielfalt, Nachhaltigkeit, Achtsamkeit und eine diskriminierungsfreie Versuchsanordnung am Tresen sorgt auf der Weinmesse allein das schier unüberschaubare Angebot an Weißburgundern aus dem Markgräfler Land, badischen Rieslingen und Muskatellern, im Eichenholzfass ausgebauten Merlots vom Kaiserstuhl, fränkischen Silvanern, rheinhessischen Grauburgundern und pfälzischen Scheureben. Beim Probieren und im engagierten Fachgespräch auf Korkenhöhe steht man eng an eng, und mit jeder Viertelstunde, mit jedem Schluck aus dem Eichenholzfass steigt die Stimmung.

Es dampft und brodelt, wie einst Sigmar Gabriel den Alltag der meisten Menschen beschrieb, es wird gelacht, die eine oder andere Nase wechselt die natürliche Hautfarbe in ein helles Lachsrot, und immer wieder entdeckt man ein neues Weingut aus einem kleinen, nahezu unbekannten Ort im Saale-Unstrut-Gebiet, das den fruchtigsten Bacchus in die Flasche zaubert, den man sich denken kann. In diesen Momenten kommt einem ein alter Buchtitel in den Sinn: *Deutsch, aber glücklich*. Wie bitte? Deutsche Leitkultur aus dem Geist des Weines? In vino veritas Germaniae?

Wenn das mal keine positive Nachricht aus good old Germany ist.

STOLZ UND VORURTEIL

Neulich in einer der Landesvertretungen in Berlin. »Demokratie unter Druck« hieß das Thema der abendlichen Veranstaltung, eine von vielen derzeit, die sich mit dem Zustand der Republik befassen. Stets und zuallererst geht es um Rechtsextremismus, Antisemitismus, oft auch um »Islamfeindlichkeit« und populistisches Querdenkertum. Wie auch an diesem Abend ist man sich weitgehend einig, wo die Feinde der Demokratie zu finden sind – natürlich rechts. Im Handumdrehen steht die AfD im Mittelpunkt der Debatte, die eigentlich keine ist, weil es keinen grundsätzlichen Widerspruch gibt, auch nicht aus dem Publikum.

Man ist unter sich, und so stößt auch die wiederholt formulierte These vom »strukturellen«, gleichsam unentrinnbaren postkolonial-weißen Rassismus in Deutschland, letztlich in ganz Europa, nicht einmal auf leise Kritik eines Pauschalverdachts – erst recht nicht, wenn sie von einem prominenten schwarzen Fußballweltmeister aus Frankreich vorgetragen wird, der sagt, seine Identität sei »schwarz«.

Zu tief sitzt das kollektive Schuldgefühl auch bei 30-Jährigen, obwohl sie weder mit den Naziverbrechen noch mit dem deutschen Kolonialismus unter Kaiser Wilhelm II. in »Deutsch-Südwest« irgendetwas zu tun haben. Auch persönlich haben sie sich rassistische Einstellungen wohl kaum vorzuhalten – aber es geht ja um das große Ganze. Und das bleibt, was Wunder, immer im Diffusen,

Allgemeinen, einer schwarzen Wolke ähnlich, die drohend über allem schwebt. Es ist ein »strukturelles« Vorurteil gegen Vorurteile, in dem man sich gleichwohl dauerhaft einrichten kann. Auch Schuldgefühle können psychologisch ein »Krankheitsgewinn« (Sigmund Freud) sein, eine moralische und psychologische Entlastung.

Nur auf diesem Hintergrund wird die deutsche Asyl- und Flüchtlingspolitik der letzten zehn Jahre verständlich: ein großzügiges, schier grenzenloses humanitäres Engagement als Teil einer gefühlten historischen Wiedergutmachung diesseits und jenseits von Recht und Gesetz.

Freilich steht ein Widerspruch als weißer Elefant im Raum: Wieso kamen ausgerechnet in dieses angeblich strukturell rassistische Land seit 2015 fast vier Millionen Migranten, größtenteils arabische und afghanische Muslime? Die Frage stellen heißt, sich Ärger einzuhandeln mit all jenen, die darauf antworten würden: eben deshalb. Sie kommen genau an den richtigen Ort: illegale Einwanderung als nationale Strafe für vergangene und gegenwärtige Untaten, ein Ablasshandel unter dem Banner der Willkommenskultur.

Nun aber zeigt sich, dass der allgemeinen Euphorie die kollektive Depression gefolgt ist, Ängste und Enttäuschungen, Konflikte, Problemberge und Finanzlöcher, politische Entfremdung zwischen Bürgern und Politik, dazu ein grassierender Pessimismus. Genau hier steckt, frei nach Goethes *Faust,* des Pudels Kern: Weit und breit ist kein Optimismus mehr zu sehen. Fortschritt ist nur noch ein Wort, das nach Vergangenheit klingt, nach SPD-Ortsverein Oer-Erkenschwick, altbacken und verstaubt. Alles, was nach unbeschwerter Freude duftet, etwa so wie der erste warme Tag im beginnenden Frühling, wird von den Tausenden Beschwernissen des Alltags überlagert, dessen weltpolitischer Horizont von Klimakatastrophe bis Kriegsverbrechen verläuft und von Artensterben bis Zusammenbruch der Gesellschaft. »Letzte Generation« – die Selbstbezichtigung einer Aktivistengruppe war Zeitgeist-Programm; jetzt haben sie sich in »Neue Generation« umbenannt.

Während der Fußballeuropameisterschaft in Deutschland vor einem Jahr blitzte dennoch immer wieder ein selten gewordenes Gefühl auf, ein Ausbruch von Temperament, der einen halben, fast irritierenden Gedanken auslöste, der unter all den Klima- und Weltrettungsprogrammen der Ampel-Jahre verschüttet schien: Stolz. Gerade bei jungen, darunter vielen weiblichen Fußballfans konnte man regelrecht mit Händen greifen, dass sie wieder ein bisschen stolz sein wollen auf ihr Land, sich identifizieren wollen mit dem, was es ausmacht und was es sein könnte, wenn überhaupt einmal wieder so etwas wie Lust auf Zukunft, Tatkraft und die Verteidigung eigener Interessen auf der Agenda der Res publica stünde. Der Sound des alten proletarischen Kampfliedes, das zeitweise auch der SPD als Hymne diente – »Wann wir schreiten Seit' an Seit', mit uns zieht die neue Zeit!« –, klingt aus der stolzen Vergangenheit herüber, die noch an die eigene Zukunft glaubte.

Es gehört zu den großen blinden Flecken des vergangenen rotgrünen Ampel-Ungeists, solche Motive als »nationalistisch« oder »rechts« darzustellen. In ihrem woken Furor haben sie die Realität des Landes verkannt, in dem inzwischen annähernd ein Drittel der Bevölkerung die berühmt-berüchtigte »Migrationsgeschichte« hat, also keine familiären Wurzeln in Oberbayern, die etwa bis in die Zeit Ludwigs I. (1825–1848) zurückreichen. Auch diese Bürger wollen in einem Land leben, das selbstbewusst nach vorne schaut und ja, sich nicht im rituellen Kampf gegen Rassismus, Kolonialismus und Transphobie verliert.

Mag sein, dass die Untergangsseligkeit eine Meisterin aus Deutschland ist – der türkische Taxifahrer hat damit nichts zu tun. Bevor er noch einmal Erdoğan wählt, sollten wir ihm eine handfeste, positive Alternative in Deutschland anbieten. Darauf warten viel mehr Menschen, als man denkt.

DIE BANK MUSS WEG!

Die Deutschen und der Wald – das ist eine romantische Beziehung für die Ewigkeit. Eine große Liebesgeschichte, eine mythische Erzählung voller Geheimnisse und Legenden, Wunder, Märchen und Gedichte.

»Über allen Gipfeln ist Ruh',
In allen Wipfeln spürest Du
kaum einen Hauch;
Die Vögelein schweigen im Walde.
Warte nur! Balde
ruhest du auch!«

Doch vor Goethes lyrischem Aufruf zur allerletzten Ruhe hat der Kurverein Titisee die Bank zum Ausruhen gesetzt, eine vorletzte Erholungsstätte für den Wandersmann und die Wandersfrau – ebenso wie unzählige Gemeinden, Vereine, Naturfreunde- und Forstverbände in ganz Deutschland. Vornehmlich am Waldsaum mit Blick über die weite Landschaft, auf Lichtungen und Anhöhen steht die Bank für Rast und Ruh, ein Ort der inneren Einkehr und des stillen Naturgenusses. Nun aber wurde ihr der Kampf angesagt – im Namen der Sicherheit. Was eben noch ein Quell geradezu buddhistischer Kontemplation war, gilt auf einmal als Hochrisikobereich. Er muss also weg. So werden Hunderte Bänke, etwa im Schwarzwald, abtransportiert.

Schuld sei der Klimawandel, heißt es. Durch Trockenheit, starken Wind oder Regenfluten steige die Gefahr, dass morsche Äste punktgenau auf den gerade eine – ebenfalls ungesunde – Leberkässemmel verzehrenden Wanderer auf der Bank herabfallen könnten – schlimmstenfalls ganze Bäume. Rein juristisch geht es um die »Verkehrssicherheitspflicht« der Waldbesitzer, ob privat oder kommunal, und um »waldtypische« und »waldatypische« Gefahren.

Die Bank ist recht eigentlich eine waldatypische Gefahr, und die Verkehrssicherungspflicht zwingt alle, die eine »Gefahrenquelle« schaffen, »notwendige und zumutbare Vorkehrungen« zu treffen, damit niemand zu Schaden kommt. Anders als im Wald, wo jeder auf eigenes Risiko im Unterholz unterwegs ist, gilt die Bank als neuer, sozusagen »ruhender Verkehr«, für den jede Menge Haftungs- und Schadenersatzpflichten bestehen. Das kann teuer werden, und zwar schon vor dem Eintritt des Risikofalls, weil rund um womöglich todbringende Bänke jede Menge Äste und Gezweig entfernt werden müssen. Angesichts des großen Aufwands drohen Waldbesitzer schon mit der vorsorglichen Sperrung ganzer Waldgebiete.

Das wiederum bringt den Landesseniorenverband Baden-Württemberg auf die Palme. Die derzeitigen Regelungen, so war auf *tagesschau.de* zu lesen, seien »grober Unfug«. Der Abbau von Bänken widerspreche allen Bemühungen, ältere Menschen zur Fitness zu ermutigen. In freier Natur müsse schließlich jeder sein eigenes Risiko tragen – eine klare, geradezu fundamentalontologische Erkenntnis.

Warum also nicht einfach an jeder Bank ein kleines Schild anbringen mit den unmissverständlichen Worten: »Nutzung auf eigene Gefahr!«? Es wäre zugleich ein praktischer Hinweis, der sich mit guten Gründen auf die gesamte Lebenszeit anwenden ließe, also auch auf Besuche im Fußballstadion, Saunagänge, Radfahren in Berlin-Mitte, Bergwandern in Südtirol, rückwärts Einparken (s. o.) und Fliegen mit Ryan Air.

An dieser Stelle aber macht das Oberlandesgericht Stuttgart einen Strich durch die libertär-existenzialistische Rechnung. Nach einem tödlichen Unfall am Sprungturm eines Schwimmbads befanden die hochmögenden Richter, dass intellektuell unterkomplexe Schilder wie »Springen auf eigene Gefahr!« keinen wirksamen Haftungsausschluss begründeten. Da müssen schon andere, komplexe Sicherungsmaßnahmen ergriffen werden.

Wir wissen nicht, ob der Sprungturm deshalb ganz abgerissen oder das gesamte Schwimmbad geschlossen wurde, schließlich ertrinken jedes Jahr mehrere Hundert Menschen in Gewässern aller Art, aber wir sehen hier einen allgemeinen Trend zur radikalen Risikominimierung, der in der untergegangenen Ampel-Republik mächtig Fahrt aufgenommen hatte.

Eigenverantwortung ist zum Fremdwort geworden in einem Land, das fast nur noch Opfer kennt, die auf Betreuung warten: Geflüchtete, LGBTQI**-People, Mieter, Obdachlose, Drogenabhängige, Bürgergeld-Empfangende (!), Studierende, Arbeitslose, Frauen (außer Marie-Agnes Strack-Zimmermann), handysüchtige Schüler, Kinder alleinerziehender Mütter, Väter ohne Umgangsrecht, Scheidungskinder, Rentner mit Grundsicherungsanspruch, Aufstocker und Fahrschüler, die ohne Navi nicht mehr nach Hause finden.

Die abgeschraubte Parkbank ist ein groteskes Symbol für die Selbstdemontage einer betreuten Gesellschaft, die darüber eigentlich in homerisches Gelächter ausbrechen müsste. Über allen Gipfeln ist Ruh' – von wegen. Doch manchmal ist Rückbesinnung der erste Schritt zur Besserung.

Die deutsche Romantik hat immer einen Weg gefunden, um von Trauer und Melancholie zum Glücksgefühl einer neuen inneren Freiheit emporzusteigen, die nach Zukunft schmeckt. Joseph Karl Benedikt Freiherr von Eichendorff, ein Waldfreund erster Güte, hat es einst so formuliert:

»Schläft ein Lied in allen Dingen,
die da träumen fort und fort,
und die Welt hebt an zu singen,
triffst du nur das Zauberwort.«

GRÜNE PARALLELWELTEN

Vor wie nach der Wahl gilt: Parteitage sind von jeher säkulare Gottesdienste, um die eigene Glaubensgemeinschaft zu feiern und zu festigen. Ja, es gibt immer wieder Streit um die genaue Ausformulierung des Katechismus, wenn die einen radikaler sein wollen als die anderen in der Auslegung der einzig richtigen Botschaft. Am Ende aber reißt man sich doch wieder zusammen, stimmt mit Mehrheit ab und singt zum Schluss die Parteihymne oder das Deutschlandlied, um anschließend, seelisch gestärkt und geistig erfrischt, nach Hause zu fahren, in den Wahlkreis, zu den Menschen draußen im Lande.

Besonders die grünen Parteitage, die politisch korrekt »Bundesdelegiertenkonferenz« heißen, waren stets von beiden Polen der Glaubenskongregation geprägt: hier offener Streit bis hin zum Wurf eines Farbbeutels auf den damaligen Außenminister Joschka Fischer, dort das große Gemeinschaftsgefühl mit Jubel, Tränen und gefühlt minutenlangen Umarmungen.

Inzwischen sind von der einst großen Auseinandersetzung zwischen »Fundis« und »Realos« nur noch Spurenelemente übrig. Selbst der als »Linker« geltende neue Grünen-Chef Felix Banaszak, vor Kurzem noch ein unbekannter Bundestagsabgeordneter, erwies sich als treuer Helfer von Robert Habeck, der wiederum seine einstige Konkurrentin vom linken Flügel, Annalena Baerbock, als großartige »Anführerin«, »Staatsfrau« und »Freundin« pries.

Erinnern wir uns kurz: Auf seiner Krönungsmesse im November 2024, ein wahres Pontifikalamt, lobte er die gesamte grüne Parteiversammlung überschwänglich als jene »Kraft dieser fantastischen Gemeinschaft«, die ihn auf so großartige Weise ermutigt hat, wieder »Verantwortung zu übernehmen« als »Kandidat für die Menschen«. Die Gemeindemitglieder dankten dem grünen Messias mit 96,5 Prozent Zustimmung und minutenlangen Ovationen, wahre Jubelstürme, die mit dem Zustand des Landes nach drei Jahren habeckscher Klima-, Energie- und Wirtschaftspolitik nichts zu tun hatten. Egal.

»Robert kann nicht nur Verantwortung, Robert, du lebst Verantwortung«, hatte Annalena Baerbock zuvor schon in den Saal gerufen: »Keiner kann im Sturm so das Ruder herumreißen und bei Rückenwind die Segel richtig setzen wie du.« Er sei »so lässig. So charming.« Wörtlich: »Ich will genau das! Dich als Kanzler!«, flehte sie wie im Liebesrausch. Jubel in der Halle, stehender Applaus. Der Robert, ein Moses unserer Zeit, der sogar den »Bach rauf« gehen, also die Fließrichtung umkehren kann.

Wie peinlich das alles erst im Nachhinein wirkt! Doch wir waren Zeugen, als »der Robert« zum Erlöser wurde.

Was aber stets so »authentisch«, so pathetisch wie kumpelhaft, so schnoddrig wie groß gedacht rüberkam, war letztlich eine uneigentliche Rede: »Nicht die Menschen sind das Problem, sondern die Kriege«, sagte Habeck zur Migrationskrise. Ein billigeres Ausweichmanöver angesichts der realen, immer drängender werdenden Probleme in der Asyl- und Flüchtlingsfrage ist kaum denkbar. Wer ist schon für Kriege? Ein Hauch esoterischer Kita-Logik: Die Menschen sind gut, nur die Bösen irgendwo da draußen, wahrscheinlich »die da oben«, sind für Unheil und Elend verantwortlich.

Kein Wunder, dass ein euphorisierter Delegierter anschließend in die Livekamera der ARD schwärmte wie ein 16-jähriges »Swiftie«, ein jugendlicher Fan des amerikanischen Popstars Taylor Swift: »Jeder, der Robert Habeck auch nur einmal erlebt hat, kann gar nicht anders, als ihn zu wählen.« Unwiderstehlich, der Mann, »verliebt ins Gelingen«, ein Bundeskanzler der Herzen.

»Wir werden jetzt dieses Land auf Vordermann bringen«, versprach die neue Parteichefin Franziska Brantner, eine Vertraute Habecks, und schloss damit nahtlos an das Märchennarrativ an, in dem so etwas wie ernsthafte, gar schmerzhafte Selbstkritik erst gar nicht vorgesehen ist, also genau das, was sonst rituell beschworen wird: der »kritische Diskurs«, »Selbstreflexion«, die »offene Auseinandersetzung« und »intellektuelle Wahrhaftigkeit«.

Aber seien wir ehrlich: Auch die katholische Kirche hat sich bei ihrer frohen Botschaft nie beirren lassen von dem, was auf ihrer jahrtausendealten Erbschaft lastet, ob Kreuzzüge, Hexenverbrennungen oder Kindesmissbrauch. Solange der Glaube nur stark genug ist, geht es weiter, immer weiter, bis »hintern Horizont« (Udo Lindenberg).

Nicht zufällig erinnern grüne Delegiertenkonferenzen zuweilen an Kirchentage. Doch auch die gehen einmal zu Ende.

WIR SIND DOCH KEINE BANANENREPUBLIK!

»Wir sind doch keine Bananenrepublik!«, entfuhr es dem hessischen Ministerpräsidenten Boris Rhein in den *Tagesthemen.* Es ging um das Hin und Her in Sachen Vertrauensfrage und vorgezogener Bundestagsneuwahl, Sie erinnern sich. Leider hätte man hier schon widersprechen müssen: Doch, es scheint so zu sein!

Die Bundeswahlleiterin Ruth Brand hatte vor »unabwägbaren Risiken« gewarnt: Die Wahlämter könnten überlastet sein, Wahlvorstände unzureichend geschult, Wahlunterlagen könnten fehlen – auch, weil nicht genügend Papier da sei. Schon boten unsere polnischen Freunde an, mit Papierlieferungen aus Krakau auszuhelfen. Es fehlte nur noch, dass sie als probates Hausmittel gegen Panikattacken in pannengeplagten Berliner Behörden polnischen Wodka der Edelmarke *Żubrówka* Bison mit dazupacken würden. Motto: Schon ein Glas, und die Welt sieht wieder ganz anders aus!

Eine Bundestagswahl innerhalb von drei Monaten vorbereiten – in Germanistan 2025 eine fast nicht zu stemmende Herkulesaufgabe, an der Grenze zur Unmöglichkeit. Ein Ritt über den Bodensee, ein Himmelfahrtskommando! Wahnsinn, wie man das in den letzten 75 Jahren überhaupt hinbekommen hatte! Und wie knapp oft das Ergebnis ausfiel!

Ältere Zeitgenossen erinnern sich freilich noch daran, dass der legendäre »Blitzkrieg« gegen Frankreich im Frühjahr 1940 genau 46 Tage gedauert hatte, also 14 Tage weniger als die 60 Tage, die das Grundgesetz als Frist zwischen Kanzlersturz und Neuwahltermin vorsieht. Unverbesserliche Spötter könnten einwenden, was sei schon der Sieg über den jahrhundertealten »welschen« Erzfeind und die Besetzung ganz Galliens samt Paris gegen einen »rechtssicheren« Urnengang im Land des 58-Euro-Tickets? Und was war eigentlich damals mit dem vierwöchigen Fußball-Sommermärchen 2006, das praktisch ohne irgendein größeres Problem Hunderte Millionen Menschen in aller Welt in Bann zog? Wie war das denn überhaupt möglich? Lag es wirklich nur an Franz Beckenbauer, der Lichtgestalt, dem Kaiser, der im Hubschrauber über Deutschland flog und dem kein noch so kleines Detail entging?

Die absurde »Hilfe-hilfe-schaffen-wir-die-Neuwahl?«-Debatte war jedenfalls ein Menetekel der untergehenden Ampel-Republik, deren Folgen auch in die neue Zeit hineinragen – ähnlich wie die fatalen Spätwirkungen der Merkel-Ära.

Nichts scheint mehr wie selbstverständlich und normal zu funktionieren in Deutschland, ob bei der Bahn oder in Behörden, beim Zoll oder in den Finanzämtern, bei von Aktenbergen überforderten Staatsanwaltschaften, die Kriminelle laufen lassen müssen, oder den Ordnungsämtern, die wegen Personalmangels jede Menge offenkundiger Verstöße in Sachen Müll, Lärm und Wohnungszweckentfremdung links liegen lassen (Gruß ans Ordnungsamt Berlin-Pankow!). Die durchschnittliche Verweildauer von versifften Matratzen und angerosteten Kühlschränken, die hier von vermeintlich achtsamen Zeitgenossen aus dem Milieu der Besserlebenden auf dem Bürgersteig »zum Verschenken« angeboten werden, beträgt im Durchschnitt zehn Tage.

Regierungsflieger der Luftwaffe – wer erinnert sich nicht an den pausenlos um die Welt jettenden »Genschman«? – stranden immer wieder Havarie-bedingt fernab der Heimat, aber auch der Takt von Bus und Straßenbahn wird vielerorts so »ausgedünnt«, dass das grüne Mantra vom klimafreundlichen »Umstieg« auf den öffentlichen Nahverkehr zum schlechten Witz geworden ist. Das unangenehme, zuweilen regelrecht unwürdige Gedränge in überfüllten Bussen und Waggons, das Warten auf zugigen Bahnsteigen und die verpassten Anschlüsse wären ein eigenes Kapitel. Neueste Variante: Weil die sexuellen Belästigungen von Frauen in der Berliner U-Bahn massiv zunehmen, schlagen die Grünen vor, reine »Frauen-Abteile« oder ganze Waggons nur für Frauen einzurichten. Die Idee ist nicht ganz neu: In Teheran, Hauptstadt der islamischen Republik Iran, ist sie lange schon Realität. Gleich mehrere Wagen je Zug sind für Frauen reserviert. Sicherheit hat dort absoluten Vorrang: Deshalb müssen die Frauen zusätzlich Kopftuch tragen, gerne auch Tschador oder Burka.

Kein Wunder, dass die Zahl der in Berlin angemeldeten Autos nicht sinkt, sondern auf einen neuen Höchststand gestiegen ist. Wichtige Termine bei Ämtern sind wie ein Lotteriegewinn, und manche Bürgerämter in der alten Reichshauptstadt mussten zeitweise schließen, um die Bundestagswahl vorzubereiten! Da hieß es, sich zu entscheiden: Heiraten oder wählen – beides zusammen geht nicht.

Die An- oder Ummeldung eines Wohnmobils kann vielerorts zum schicksalhaften Drama kurz vor dem Urlaubsantritt werden, während andererseits ein paar Spatzennester genügen, um wichtige Bauvorhaben in dreistelliger Millionenhöhe auszubremsen. Nur Windräder, bis zu 250 Meter hohe Ungetüme, dürfen mitten in geschützte Wälder einbetoniert werden. Die gute Sache rechtfertigt den Naturfrevel.

»Stuttgart 21« ist unterdessen zum prototypischen Pharaonengrab megalomaner Riesenprojekte geworden, und der einst stolze Schwabenspruch – »Wir können alles außer hochdeutsch« – wurde klammheimlich einkassiert. Hochdeutsch können sie allerdings immer noch nicht. Apropos: Dass so gut wie alle Kinder in der Schule nach ein paar Jahren lesen, schreiben und rechnen können – das war einmal.

In einem Wort: Die »Basics« sind marode geworden, funktionstüchtige, alltägliche Grundlagen des freiheitsverbürgenden Wohlstands, der die Bundesrepublik nach dem Krieg geprägt hat, »Wirtschaftswunder«, Rechtsstaat und parlamentarische Demokratie, dazu das Aufstiegsversprechen an die Jüngeren, Begriffe wie Anstrengung, Leistung, Zuverlässigkeit, Fleiß: »deutsche Tugenden«, die im woken Dauertrommelwirbel, in dem Astronauten selbst beim *Spiegel* zu »Raumfahrenden« mutieren, als reaktionäre Hinterlassenschaften jener alten Zeiten gelten, als Friedrich Merz noch mit dem Moped über die sauerländische Ackerlandschaft gebrettert ist.

Doch es ist so: Über »sieben Brücken« will heute schon deshalb auch metaphorisch keiner mehr gehen, weil eine davon einstürzen könnte. Am feinen Hamburger Jungfernstieg, anderes Thema, ist es spätabends und nachts sowieso zu gefährlich geworden – jedenfalls für meist junge Frauen. Gruppen aus überwiegend migrantischen Jugendlichen haben die einst schicke Promenade an der Binnenalster in einen Hotspot teils gewalttätig ausgetragener Konflikte verwandelt. So ist es inzwischen an vielen Orten in Deutschland, und das offizielle Schweigen darüber macht es nicht besser.

Als der ehemalige *Tagesthemen*-Moderator Ulrich Wickert in der Talkshow *Maischberger* auf diese Zustände hinwies, von dem ihm befreundete Hamburger Frauen berichtet hatten, erntete er den wütenden Widerspruch der stellvertretenden *Spiegel*-Chefredakteurin Melanie Amann. Eigene Erkenntnisse hatte sie freilich nicht, obwohl der Ort des Geschehens etwa zehn Gehminuten vom Sitz der *Spiegel*-Redaktion entfernt ist. Offenkundige Realitätsverweigerung, mit großem moralischem Aplomb vorgetragen, ist freilich eine der Hauptursachen für die Kalamitäten, in denen das Land steckt.

Das alles macht noch lange keine »Bananenrepublik« aus – schon der Begriff steht im Verdacht der »kulturellen Aneignung«, also einer unangemessenen Wortwahl. Aber jetzt soll ja alles besser werden. Ein frühlingshafter Wind of Change liegt in der Luft, ein Hauch von wirklicher Veränderung, als hätte jemand ein Fenster aufgemacht.

Es wird schwierig genug werden, aber ein erster Schritt könnte sein, dass der hässliche Wandschrank, Baujahr 1971, auf dem Bürgersteig bei mir gegenüber, an dem der Zettel »Viel Freude damit!« klebt, endlich abgeholt wird.

Dann könnte man über weitere Schritte nachdenken, etwa die schnellstmögliche Einführung eines Bürgerselbstverantwortungsreflexionspflichtengesetzes, um offenkundigen Unsinn in Regierung und Verwaltung von Bund, Ländern und Gemeinden zu verhindern. Immerhin ging die Bundestagswahl dann doch einigermaßen passabel über die Bühne.

Nur die im Ausland lebenden Deutschen hatten Pech. Wegen der kurzen Fristen gelang es vielen nicht mehr, per Briefwahl rechtzeitig ihre Stimme abzugeben. Nicht nur die deutsche Post hat Probleme mit der pünktlichen Briefzustellung.

Wenigstens ein kleiner Trost.

VAMOS A LA PLAYA – GERMANISTAN LEBT AUCH AM STRAND!

Es ist ein Zustand, der sich seit Gründung der Europäischen Union 1957, die damals nur sechs Länder umfasste und »Europäische Wirtschaftsgemeinschaft« hieß, nicht geändert hat: Es gibt keine wirkliche europäische Öffentlichkeit, die über punktuelle Parlamentsdebatten, EU-Gipfeltreffen und Ministertreffen in Brüssel substanziell hinausginge. Ja, es gibt unzählige europäische Institutionen wie den Europäischen Gerichtshof, die Europäische Zentralbank und eine unüberschaubare Zahl von europäischen Forschungs- und Verwaltungseinrichtungen, dazu eine Corona von sogenannten »Nichtregierungsorganisationen« (NGOs), die zu all den Lobbygruppen gehören, die politisch und finanziell Einfluss nehmen wollen auf das, was im Europa der inzwischen 27 Mitgliedsstaaten passiert. Nebenbei: Innenpolitisch ist dieses dicht gewobene Geflecht linker Interessengruppen mächtiger denn je, eine Art Staat im Staate, eine weitverzweigte Vorfeldstruktur rot-grüner Politik.

Doch nicht einmal die Wahlen zum Europäischen Parlament ändern etwas daran, dass die politischen Debatten im demokratischen Europa streng national geblieben sind – auch und gerade wenn es um die Zukunft Europas in der Welt geht, die ja zurzeit massiv infrage steht. Wer ab und zu die deutschen Websites von *Spiegel, WELT, FAZ* und *Süddeutscher Zeitung, heute journal* und *Tagesthemen* verlässt und einmal in englische, französische oder polnische Zeitungen schaut, sieht sich mit einer völlig anderen Realität konfrontiert, in der niemand Lars Klingbeil kennt oder über die aktuelle Höhe des »Bürgergelds« informiert ist, abgesehen von »Schutzsuchenden« und Migranten. Nebenbei wird so auch die Provinzialität deutscher Dauerdebatten über Wärmepumpen und Solarzellen auf dem Balkon offenkundig, ganz zu schweigen von der »Verordnung für den Zugang zu Elektrizitätsversorgungsnetzen«, der berüchtigten »Stromnetzentgelt-Verordnung«.

Abgesehen von den internationalen Megathemen wie Trump, Nahost- und Ukrainekrieg, bewegen jedes Land ganz eigene Probleme. Es herrschen jeweils andere gesellschaftliche Verhältnisse mit anderen Institutionen und anders geprägten politischen Repräsentanten – von Sprache, Tradition und Kultur ganz zu schweigen.

Nur eine winzige Minderheit in all diesen Ländern verfolgt überhaupt regelmäßig das, was im Rest Europas passiert – jenseits von Flutkatastrophen, Erdrutschen und islamistischen Terroranschlägen. So existiert auch nicht annähernd eine Art Diskussionsgrundlage für eine gemeinsame demokratische Öffentlichkeit, die ja für den Traum von einem europäischen Bundesstaat eine zwingende Voraussetzung wäre. Auch der Massentourismus kreuz und quer durch den Kontinent, sosehr er spontane Begegnungen zwischen rotgesichtigen Schotten und braun gebrannten Andalusiern fördert, hat daran nichts geändert. Im Liegestuhl liest man *The Sun* und nicht *El Pais*.

Doch es gibt wunderbare Orte, an denen man die Symphonie all der europäischen Völkerstämme von Finnland bis Sizilien, von Polen bis Portugal studieren – und genießen – kann. Das gelingt auch ohne exzeptionelle Fremdsprachenkenntnisse und wissenschaftliche Kompetenz in der komparativen Verhaltensbiologie. Ein paar Hochsommertage am Strand in der Bretagne oder an der Côte d'Azur, an der portugiesischen Algarve oder der italienischen Amalfi-Küste genügen.

Oder in Contis Plage, einem ehemaligen Fischerdorf an der südwestfranzösischen Atlantikküste zwischen Bordeaux und Biarritz. Am Scheitelpunkt der leicht aufsteigenden Straße, die mitten durch den kleinen Ferienort ging, sah ich als Kind zum ersten Mal den Ozean. Es war ein magischer Augenblick. Silbrig glitzernd unter blauem Himmel mit den weißen Schaumkronen der Brandung. Ganz weit hinten war er zu ahnen, der endlose Horizont. Dahinter schien die Welt zu Ende zu sein im Juli 1962. Von oben war das Meer plötzlich ganz nah, unwirklich und überwältigend, auch ein bisschen Furcht einflößend. Es war ein nicht ganz ungefährlicher, aber lustvoller Kampf mit den Naturgewalten, wenn die Wellen mit Getöse in sich zusammenbrachen und dann einen Sog entfalteten, der einem die Füße wegzog: exotische Glücksgefühle, die Weite, salzige Luft, der Duft der Seekiefern, die unermüdlich zirpenden Zikaden.

Bis heute ist das so geblieben am endlos langen Strand, an dem sich Franzosen und Deutsche, Spanier, Engländer, Holländer, Schweizer und viele Menschen anderer Nationen vergnügen, wie es ihnen beliebt. Ob Familien, Paare, Singles oder Rentner mit Bierbauch, junge Mädchen, die auf ihr Bikinioberteil verzichten, coole Surferboys mit Waschbrettbauch, übergewichtige Familienväter und kleine Kinder, die mit freudestrahlenden Augen in die Brandung rennen, um Sekunden später schreiend wieder herauszustürmen: Es ist ein friedliches – und ja: wahrhaft buntes – Vexierbild der ganz normalen europäischen Freiheit, an die man sich so sehr gewöhnt hat, dass man sie kaum noch als solche wahrnimmt.

Dabei genügt ein Blick in den Rest der Welt, um zu erkennen, wie freizügig dieses Strandleben ist: Jeder tut, was er will; es gibt weder eine Sittenpolizei noch andere Ordnungskräfte, die die Stimmung trüben könnten. Ein Schild mit der Aufschrift »Hunde an die Leine!«, das ist alles.

Man sieht weder Kopftücher noch Burkinis, ebenso wenig lautstark, gar gewalttätig streitende, testosterongesteuerte einheimische

Jungmänner. Die in Frankreich notorisch strenge Gendarmerie (die in Saint Tropez, zu Zeiten von Louis de Funès, noch standardmäßig zur ortstypischen Urlaubsfolklore gehörte) ist hier überflüssig, abgesehen von durchtrainierten Rettungskräften in der Badehose, die für die Sicherheit im Wasser zuständig sind und immer wieder mal einen allzu Wagemutigen aus den Fluten holen, bevor er ins offene Meer hinaustreibt.

Das Einzige, was lärmempfindliche Seelen stören kann, ist das Klick-Klack von Beachtennisschlägern, und ja, auch einmal eine deutsche Familie, die mit dem gründlichen Aufbau einer wahrscheinlich TÜV-geprüften, sonnen-, wind- und wetterfesten Zeltkonstruktion eine halbe Stunde verbringt und dazu zahlreiche Holzpflöcke lautstark in den Sand rammt.

Egal. Klein-Germanistan ist eben überall, auch am französischen Atlantikstrand, wo noch Bunkerruinen des deutschen Westwalls von 1944 in den Dünen stehen, die inzwischen von Graffiti übersät sind. Wenn es regnet, flüchtet sich der eine oder andere ins Innere des Betonkolosses, den die Naziwehrmacht in irrtümlicher Erwartung der alliierten Landungstruppen in den Sand gesetzt hatte. Die parallel zum Strand verlaufenden ehemaligen Kradmelder-Pisten zwischen den Gefechtsständen sind längst zu Fahrradwegen für E-Bike-Touristen ausgebaut worden, und auf den Resten der betonierten Panzerstraßen zum Meer rumpeln Ford Fiestas und Peugeots 308 zum »wilden«, nicht bewachten Strand, wo die Wellen noch schöner sind.

Unsere selbstverständlich gewordene Freiheit zeigt sich eher in den vielen Augenblicken des Alltags als im Pathos der großen Rede – eher am Strand, auf den Campingplätzen, in den Bars, Restaurants und beim Flanieren auf den Straßen und Plätzen Europas als bei all den rituellen Bekenntnissen zur Demokratie an Fest- und Feiertagen.

So triumphiert am Ende die hedonistische Trivialität des europäischen Ferienalltags über das mörderische Drama der Jahrhundertverbrechen, die »Ferien des Monsieur Hulot« über Hitlers Wahnsinn der Welteroberung, den heute der russische Diktator Putin verkörpert. Wenn das kein Grund ist, Europas Freiheit nach Kräften zu verteidigen. Wenn es sein muss, auch mit Sandschippe, Surfbrett und Beachtennisschläger.

UND ERKÄMPFT DAS MENSCHENRECHT!

Das linksgrüne Milieu in Deutschland war in den letzten Jahren stets ganz vorne mit dabei, wenn es darum ging, die wirklich wichtigen gesellschaftlichen Probleme anzusprechen – von der gendergerechten Sprache bis zur postkolonial korrekten Umbenennung von Straßennamen, vom identitätspolitischen Kampf gegen Transphobie und die reaktionäre Propaganda, es gebe biologisch nur zwei Geschlechter, bis zur antipatriarchalisch-feministischen Außenpolitik, die freilich schon im Iran nicht richtig Wurzeln schlug. Das mussten die iranischen Frauen dann schon selbst in die Hand nehmen – mit teils furchtbaren Folgen.

Wirtschaftlicher Absturz, Bildungskatastrophe, Bürokratiewahnsinn und Migrationskrise mit wachsender Ausländerkriminalität und Terrorgefahr – ach was! Am vergangenen »Welttoilettentag« meldete sich Katalin Gennburg, stellvertretende Landesvorsitzende der Berliner Linkspartei, zu Wort und forderte ultimativ und im Einklang mit der UN-Menschenrechtscharta: »Umsonst pinkeln für alle! Pinkeln ist ein Grundbedürfnis, das alle Menschen haben, und das darf kein Geld kosten – dafür kämpft die Linke seit vielen Jahren!« Nur die Reichen können sich überall teure Toiletten mit goldenen Wasserhähnen leisten. Damit muss Schluss sein. Die Botschaft war unüberhörbar: Soziale Gerechtigkeit kennt keine Grenzen und kein Örtchen, an dem sie nicht durchgesetzt werden muss, denn kein Tropfen ist illegal – nirgends. Völker, hört das Signal, auf zum nächsten Urinal!

Andere Aktivistinnen kämpfen für gender- und transgerechte Toiletten, Frauen-Pissoirs und spezielle Umkleidekabinen für LGBTQI**-People, für »Safe Spaces« an Schulen und Universitäten, in denen »jede*r« sicher ist vor möglicherweise verletzenden Tatsachen, Themen und Gedanken, Gebetsräume für Muslime und diskriminierungsfreien Sportunterricht, der die schützenswerten Interessen von »mehrgewichtigen Schüler*innen« respektiert, Stichwort Body Positivity.

All das gehört zu einem seltsamen Phänomen, das man womöglich mit dem Begriff der Übersprunghandlung erklären könnte. Nachdem die großen Utopien von Sozialismus und proletarischem Klassenkampf in den historischen Kulissen verschwunden sind, werden die Auseinandersetzungen um »Geschlechteridentität«, »Respekt« und »Antidiskriminierung« immer kleinteiliger und absurder. Es sind Ersatzkriegsschauplätze. Da kann jedes falsche Wort zur Falle werden, jede spontane, gar emotionale Äußerung; zugleich nimmt der Bekenntniszwang regelrecht autoritäre, ja totalitäre Züge an. Wer etwa das Hissen einer Regenbogenfahne vor einer Behörde oder einem Ministerium verweigert, gilt umstandslos als »queer-feindlich«, »homophob« und »rechtspopulistisch«.

Längst machen im edlen Wettstreit um Wokeness auch die globalen Konzerne mit, wobei sich zuweilen herausstellt, dass ein zu großes Maß an demonstrativer »Vielfalt« dem eigentlichen Werbezweck schadet – dem Absatz der Waren. Am Ende offenbart sich hier wie da ein neues Spießertum, das seine moralische »Haltung« bei jeder Gelegenheit unter Beweis stellt, um Teil der vermeintlichen politischen Avantgarde zu bleiben. Dabei handelt es sich weithin um nichts anderes als um schnödes Mitläufertum.

Wenn im öffentlich-rechtlichen Rundfunk von »Gäst*innen« die Rede ist, spürt man regelrecht die geistige Enge und Ängstlichkeit eines Milieus, das längst die großen Träume aufgegeben hat, um sich als Ersatz das ganz kleine Karo der politischen Korrektheit auf das Fähnlein zu heften, und sei es das Menschenrecht auf kostenloses Pieseln.

FRIEDRICH MERZ – EIN BABYBOOMER IM KANZLERAMT

Der schlimmste Vorwurf, der dem Kanzler Friedrich Merz von den notorisch progressiven Kräften gemacht wird, ist die Behauptung, er sei ein Mann von gestern, geistig in den Achtziger- und Neunzigerjahren des vorigen Jahrhunderts hängen geblieben, eine anachronistische Existenz, die sich irgendwie in die neue Zeit hinübergerettet, ja, aus dem Reich der politisch Untoten regelrecht eingeschlichen hat, um das Rad der Geschichte mit Macht zurückzudrehen und Rezepte aus uralten dunklen Tagen wiederzubeleben.

Ein echter Reaktionär also, der den Frauen ihre in Jahrzehnten erkämpften Rechte wieder nehmen will und eine Wirtschaftspolitik vertritt, die aus den Fünfzigerjahren stammt, Stichwort Ludwig Erhard und Wirtschaftswunder, auch bekannt unter dem Namen »soziale Marktwirtschaft«. Dass sie für einen spektakulären Wiederaufstieg der deutschen Volkswirtschaft nach dem Zweiten Weltkrieg gesorgt und den Wohlstand hierzulande vervielfacht hat, mögen die Jüngeren nicht wissen.

Aber es stimmt: Friedrich Merz kommt aus der Vergangenheit. Mit 1 113 408 anderen Neugeborenen wurde der kleine Friedrich im Jahr 1955 in die nachkriegsdeutsche Welt geworfen, genauer: ins sauerländische Brilon zwischen Meschede und Marsberg, tiefste Provinz, irgendwo auf halber Strecke zwischen Dortmund und Kassel, wo normalerweise ja auch niemand leben will.

Immerhin gehörte er zu den ersten »Babyboomern«, jenen Jahrgängen Mitte der Fünfziger- bis Mitte der Sechzigerjahre des 20. Jahrhunderts, die die zahlenmäßig größte Alterskohorte der damals noch jungen Bundesrepublik bildeten. Höhepunkt war das Jahr 1964, als 1 357 304 Babys das Licht der Welt erblickten. Zum Vergleich: 2023 waren es gerade noch halb so viele: 693 000, trotz Zuwachs aus der ehemaligen DDR und massiver Zuwanderung aus allen Teilen der Welt.

Sie waren die erste Generation nach dem Zweiten Weltkrieg, die von Kindesbeinen an vom legendären »Wirtschaftswunder« profitierte und in zuvor nie gekannter Freiheit lebte. Zugleich war sie die letzte Generation, deren Mütter und Väter noch Soldaten in Hitlers Wehrmacht waren, an der Ostfront, in Stalingrad, führertreue Mitglieder von SS und NSDAP, in der Hitlerjugend oder im »Bund deutscher Mädel«. Die Auseinandersetzung um diese Vergangenheit tobte viele Jahre lang und ließ manches Mittagessen im trauten Kreis der Familie im offenen Streit eskalieren, bevor auch nur die Hälfte der Hähnchenschenkel aus dem Backofen abgenagt waren.

Als 1967/68 die älteren Brüder und Schwestern gegen die autoritäre Nachkriegsgesellschaft rebellierten, waren sie noch Kinder. So kamen sie zwar zu spät zur großen Revolte, waren aber die dominante Kohorte, die in den Siebzigerjahren die Alternativ- und Ökobewegung bevölkerte, zu der sich bis zu einer halben Million junger Menschen zählte. Mehr noch als die »68er« verkörperten die »78er« das Selbstbild ewiger Jugend, die sich bei vielen locker bis Ende dreißig dehnen konnte. Der Traum von der antikapitalistisch-antibürgerlichen »Gegengesellschaft« schier unbegrenzter Möglichkeiten endete – nach einem Jahrzehnt voller Wendungen, Brüche und Umwege – in einem mäßig spannenden Dreiklang aus bürgerlichem Beruf, bürgerlicher Familie und dem Wahlzettelkreuz bei den Grünen, die die politische Agenda der Republik bis zum letzten Gendersternchen maßgeblich mitbestimmt haben.

Heute aber sind es genau jene »Babyboomer« der geburtenstarken Jahrgänge – bevor 1972 der »Pillenknick« einsetzte –, die als ewig gestrige Fortschrittsbremsen gelten; Menschen, die bei online first an die meterlangen, stets verknoteten Telefonschnüre in den Wohngemeinschaften denken, wo das erste Faxgerät als revolutionäre Neuerung gefeiert wurde und ein Update immer noch Erinnerungen an die erste Verabredung mit Heike oder Karin weckt.

»Okay, Boomer!«, seufzt dann das junge, fortschrittlich gesinnte Milieu, erst recht, wenn Mittsechziger noch immer gerne an die Harald Schmidt Show zurückdenken, an seinen Fahrer Üzgür, die Serie »Was der Großvater noch wusste« und die »Dicken Kinder von Landau«, von den gemeinen Polensprüchen zu schweigen. Pures Pleistozän des zynischen Herrenwitzes.

Undenkbar heute.

Gleiches gilt für ignorante Boomer-Fragen, was denn »Postfaschismus« sei: Unmenschliche Behandlung am Service-Schalter? Auch der Hinweis darauf, dass Vierzigstundenwoche und Rente mit 67 oder noch später nicht automatisch menschenunwürdige Lebensbedingungen zur Folge haben, kommt bei den 25- bis 30-Jährigen eher nicht so gut an: Das ist die Denke der alten Arbeitswelt, rein ökonomisch und so. Abartig.

Die *Spiegel*-Kolumnistin und Bestsellerautorin Sara Weber (*Die Welt geht unter, und ich muss trotzdem arbeiten?*, 2023) trifft den trotzig-larmoyanten Ego-Ton der neuen Schneeflockenwelt. Kurz vor dem Nikolaustag 2024 bekannte sie: »Ich gebe es hiermit offen zu: Ich habe keine Lust mehr, dieses Jahr noch zu arbeiten. Wenn es nach mir ginge, hätten wir alle ab jetzt frei und könnten bis Januar unsere Tage damit verbringen, Plätzchen zu backen, kitschige Filme zu schauen und abends Tee auf der Couch zu trinken.«

Das alles haben die Boomer auch gemacht – allerdings in ihrer Kindheit, damals, als es Ed von Schleck noch gab, kratzige Wollstrümpfe und Geha-Füller, die immer Tintenkleckse hinterließen.

Apropos: Besonders schlecht kommen Erzählungen aus den

Sechzigerjahren an, damals, als Tante Anna und Onkel Heinrich sonntags zu Besuch kamen. Natürlich fuhren sie mit der Straßenbahn, brachten Blumen aus dem Garten mit und tranken wie wir den Kaffee aus Porzellantassen, die extra aus dem Schrank geholt wurden, da, wo auch das Silberbesteck lag. Manchmal wurde der Kaffeesatz ein zweites Mal aufgebrüht, bevor er als Dünger für den Garten in Zeitungspapier gewickelt und mit nach Hause genommen wurde. Den Urlaub verbrachten sie im Spessart. Ihr CO_2-Fußabdruck hatte die Größe einer Zehenspitze. Aber sie hatten, anders als Greta, Luisa, Carla und all die anderen Klima-Girlies, überhaupt keine Ahnung, was »Nachhaltigkeit« und »Klimaneutralität« ist. Tante Anna jedenfalls fror immer, auch im Sommer. Irgendwo gab es immer »Zug«.

Aus dieser soziokulturell rückständigen Lebenswelt also, dazu mit der Bürde, in einer konservativen Juristenfamilie aufgewachsen zu sein, in der der Filterkaffee – wir vermuten »Jacobs Krönung« – wahrscheinlich immer nur einmal aufgebrüht wurde, zieht Friedrich Merz nun ins Kanzleramt. Umso wichtiger ist es – nicht nur für die Generationen, die danach kamen und schon mit Instagram, Genderstern und Work-Life-Balance groß geworden sind –, die historischen Ereignisse kurz Revue passieren zu lassen, die ihn als »Boomer« geprägt haben. Gut möglich, dass diese Erfahrungen in akuten Krisensituationen künftig eine wichtige Rolle spielen werden – selbst für die, die eigentlich nur »kitschige Filme schauen« wollen.

Erinnerungen an die Gründung der Bundeswehr am 12. November 1955 dürfte Friedrich Merz nicht haben – zu diesem Zeitpunkt war er genau einen Tag alt. Auch den vorausgegangenen erbitterten Streit über die deutsche »Wiederbewaffnung«, moralisch mit dem Ruf »Nie wieder!« aufgeladen, kennt er nur aus den Geschichtsbüchern, aber schon die Kubakrise im Oktober 1962 wird er wie seine Altersgenossen noch in den Knochen haben, tief im Vor- und Unbewussten.

Damals stand es, anders als das heute Wagenknecht, Schwarzer & Co. angesichts Putins wiederkehrender Atomkriegsdrohungen suggerieren, Spitz auf Knopf. Die Angst war mit Händen zu greifen. Im Jahr zuvor war die Berliner Mauer gebaut worden, Höhepunkt im Kalten Krieg zwischen NATO und Warschauer Pakt. Der Kommunismus in der »Soffjettunion«, vor dem Konrad Adenauer immer gewarnt hatte, schien auf dem Vormarsch.

Ein Atomkrieg zwischen der Sowjetunion und Amerika war zeitweise nur Minuten entfernt – Fidel Castro konnte es kaum abwarten –, aber Präsident John F. Kennedy behielt die Nerven und ließ sich nicht von Chruschtschows Drohungen einschüchtern. Am Ende wurden die russischen Mittelstreckenraketen samt der rund 80 Atomsprengköpfe von Kuba abgezogen – womöglich eine Lehre für den Umgang mit Putin heute.

Ein Jahr später, am 22. November 1963, als John F. Kennedy erschossen wurde, holten viele Eltern ihre schlaftrunkenen Kinder aus dem Bett – im Rückblick ein Zeichen großer Erschütterung, ja Verzweiflung. In Deutschland war es zu diesem Zeitpunkt gegen 21 Uhr abends. Der populäre, legendär charismatische US-Präsident, der in der geteilten Hauptstadt eben noch »Ich bin ein Berliner!« gerufen hatte, der Schutzpatron des Westens gegen die mächtige UdSSR, war einem Attentat zum Opfer gefallen, und obwohl wir Kinder es nicht wirklich begriffen, war uns doch klar, dass ein großes Unglück passiert war, das am Ende auch unser Leben berühren würde.

Das galt in anderer Weise für die weltweite Revolte von 1968, die viel mit dem Vietnamkrieg zu tun hatte, in der Bundesrepublik aber vor allem mit einem tief sitzenden Generationenkonflikt, der durch die Nazivergangenheit von Vätern und Großvätern verschärft wurde.

Für den 14-jährigen Friedrich Merz war das allerdings kein Fanal der kommenden Weltrevolution. Der Legende nach ist er in diesen Tagen einmal mit einem geliehenen DKW-Moped »durch die Felder gefahren«. Er soll an der Pommesbude auch mal Schnaps oder ein Bier getrunken haben. Abenteuer im Sauerland. Doch seien wir nicht ungerecht: Das war immer noch besser, als sich der linksterroristischen RAF anzuschließen, der »Baader-Meinhof-Bande«, die damals fast jeden Tag in der *Tagesschau* auftauchte – mit Berichten von Bombenanschlägen auf US-Einrichtungen, martialischen Aufrufen und Fahndungsplakaten.

Höhepunkt dieses Wahnsinns war der »Deutsche Herbst« mit der Entführung und Ermordung des Arbeitgeberpräsidenten Schleyer, der Entführung der Lufthansamaschine »Landshut« nach Mogadischu und den Selbstmorden von Andreas Baader, Gudrun Ensslin und Jan-Carl Raspe im Gefängnis von Stuttgart-Stammheim.

»Der Tod ist ein Meister aus Deutschland« hieß es damals allenthalben, eine Gedichtzeile von Paul Celan, und tatsächlich lastete diese ebenso mörderische wie selbstmörderische Episode des deutschen Linksextremismus auf der Gesellschaft insgesamt. Während viele Linke begannen, sich vom Radikalismus ihrer Jugend zu verabschieden, war Merz schon fünf Jahre CDU-Mitglied und bereitete sich auf sein juristisches Staatsexamen vor. Er heiratete seine Frau Charlotte, als 1981 die Friedensbewegung mobilmachte, und war auch nicht an den jahrelangen Protesten gegen Atomkraftwerke beteiligt.

Vielleicht aber hörte er die Songs der »Neuen Deutschen Welle« – Nenas »99 Luftballons«, Falcos »Der Kommissar«, »Major Tom« und »Da da da« von »Trio« –, wer weiß. Es war der Soundtrack der frühen Achtzigerjahre, von denen behauptet wird, wer sich an sie erinnern könne, sei nicht dabei gewesen. Spätestens beim Super-GAU des ukrainischen Atomkraftwerks Tschernobyl im Frühjahr 1986 sind auch die Letzten wieder aus dem Party- und Kokainrausch (»Gib Gas, ich will Spaß!«) aufgewacht, und im November 1989 begann gleich eine ganz neue Zeitrechnung. Der Mauerfall strafte alle Lügen, die der Geschichte keine positiven Überraschungen zutrauten. So groß die Freude darüber war, so rasch kam die Ernüchterung – die Balkankriege, das Massaker von Srebrenica, Millionen Flüchtlinge.

Im Jahr 2000 wurde Merz im zarten Alter von 45 Jahren CDU/CSU-Fraktionsvorsitzender im Deutschen Bundestag. Schon damals machte er sich Hoffnungen auf die Kanzlerkandidatur, die Angela Merkel nach dem zweiten rot-grünen Wahlsieg von Gerhard Schröder und Joschka Fischer anno 2002 allerdings durchkreuzte, indem sie ihn aus dem Amt trieb. Merz bewies, bei aller verständlichen Wut, Boomer-Qualitäten: Flexibilität und situative Radikalität. Er verließ die große Politik, um in die Finanzbranche zu wechseln, was ihm bis heute vorgehalten wird. Motto: Er wollte ja nur Geld verdienen, ein offenbar verwerfliches Anliegen.

Wohlgemerkt: Merz war zu keiner Zeit irgendwie links, grün oder wenigstens ein Moped-Rowdy mit Lederjacke gewesen wie Hunderttausende seiner Altersgenossen, aber mit Verlaub, die Biografien unzähliger Babyboomer, die in den Siebzigerjahren Maoisten, Anarchisten oder Spontis waren und mit roten Fahnen durch die Städte zogen, weisen im Lauf der Jahre und Jahrzehnte auch beachtliche Karrieren auf: vom Straßenkämpfer zum Außenminister, vom Mitglied eines kommunistischen Zentralkomitees zum erfolgreichen Immobilienmakler, Notar oder Chefarzt, der selbstverständlich nur Privatpatienten annimmt.

Unterdessen vollzog sich das Drama des weltweiten islamistischen Terrorismus, der ganze Staaten in seinen Würgegriff nahm, von Afghanistan bis zum Jemen. Der Anschlag auf das World Trade Center in New York 2001 wurde zum Symbol dafür, in welcher Bedrohungslage sich jene westliche Freiheit befindet, die seit jeher mit Demokratie und Rechtsstaat untrennbar verbunden ist.

Gut zwanzig Jahre später zeigt sich, dass der islamische wie der russische und chinesische Totalitarismus – die neufaschistische Achse Moskau-Peking-Pjöngjang-Teheran – die demokratische Welt in die Defensive gedrängt haben, während US-Präsident

Trump die verbliebene »westliche Wertegemeinschaft« durch seine erratische Politik erschüttert.

Die Euro-Schuldenkrise von 2008 und die Migrationskrise seit 2015, beides Treibstoff für radikale politische Kräfte links und rechts der Mitte, haben die Verunsicherung der alten westlichen Welt noch verstärkt. Die bedrohlich wirkende zweite Präsidentschaft von Donald Trump, die tiefe Staatskrise in Frankreich und die Kriege in Nahost und der Ukraine vergrößern die globale Herausforderung, vor der die demokratische Welt steht, und runden zugleich das Spektrum der politischen Lebenserfahrung der Boomer ab.

Entscheidend ist die Tatsache, dass die Boomer, ob rechts, links oder unpolitisch, sich im zeitgeschichtlichen Rückblick stets zwischen den Extremen bewegt haben, als Akteure und Beobachter, handelnde Subjekte und Zeitzeugen. Sie sahen am 1. Juni 1972 abends im Fernsehen, wie der Zampano der linksterroristischen RAF, Andreas Baader, zusammen mit Holger Meins und Jan-Carl Raspe nach zweistündiger Schießerei aus einer konspirativen Wohnung in Frankfurt am Main abgeführt, genauer: auf einer Trage verletzt abtransportiert wurde; Monate später haben sie Willy Brandts triumphalen Wahlsieg erlebt, später sechzehn Jahre Helmut Kohl weitgehend unversehrt hinter sich gebracht und danach den Ex-Revoluzzer Joschka Fischer zum beliebtesten Politiker Deutschlands gemacht.

Was aber ist die Lektion aus mehr als einem halben Jahrhundert Zeitgenossenschaft? Der Generationsgenosse und Soziologe Heinz Bude, Jahrgang 1954, resümierte in seinem Buch *Abschied von den Boomern,* die Mitglieder dieser Alterskohorte seien überwiegend pragmatisch, ja skeptisch eingestellt. Sie kalkulierten stets die Möglichkeit des Scheiterns ein und hätten dennoch eine Ader für Experimente und neue Entwicklungen gehabt, also Neugier gezeigt. Eine Art Zwillings- und Zwischengeneration – hier die älteren 68er, dort die jüngere »Generation Golf«, deren Held eher Thomas Gottschalk war als Rudi Dutschke.

Doch Pauschalurteile leiden immer an zu großer Unschärfe. Nicht wenige RAF-Terroristen waren Babyboomer – nach einigen wird bis heute gefahndet. Andere, wie Merz, marschieren derweil auf ihre Goldene Hochzeit zu. Gemeinsam sind der Generation aber historische Augenblicke, die sich tief ins kollektive Bewusstsein eingegraben haben, zuletzt die Covid-19-Pandemie und Russlands Angriffskrieg gegen die Ukraine – Schockmomente, die die über Jahrzehnte gewonnene Einsicht beglaubigen, dass nichts für immer existiert, nichts sicher, nichts ausgeschlossen ist, nicht einmal ein neuer großer Krieg in Europa, der den gewohnten Wohlstand und die zur zweiten Natur gewordenen Freiheiten jäh beseitigen könnte.

Die Boomer-Generation, die das seltene Glück hatte, inmitten einer unfriedlichen Welt ganz persönlich und für sich in einer ununterbrochenen, 70-jährigen Phase des Friedens gelebt zu haben, muss sich dieser bedrohlichen Realität nun auf den letzten Metern noch stellen. An der verfügbaren Krisenerfahrung sollte es nicht scheitern. Lehrreiche Enttäuschungen und schmerzhafte, aber interessante Brüche, rasante Kurven und – Achtung Modewort: – »Disruptionen« hat es genug gegeben. Andererseits hat sich eine erfahrungsgesättigte Überzeugung in all dem Weltchaos geformt, die ein großer Teil dieser Generation zur Selbstermunterung auf Demonstrationen einst in den schlichten Reim gefasst hatte: »Wer sich nicht wehrt, der lebt verkehrt!«

Doch Widerstandsfähigkeit, heute gerne in den akademischen Begriff »Resilienz« gezwängt, ist keine Frage erfolgreich bestandener Straßenschlachten, sondern eine innere, »intrinsische«, charakterlich gewachsene Disposition: nicht den Mut verlieren, sich nicht einmachen lassen, Gegenwind aushalten, Kritik ertragen, selbst das Wort erheben, wenn es kein anderer macht, und immer wieder neu ansetzen, wenn etwas grandios schiefging, lernfähig bleiben, auch wenn es schwerfällt.

Warten wir ab, wie Friedrich Merz, Jahrgang 1955, mit den Herausforderungen umgeht, die jetzt auf ihn zukommen. Er ist die zentrale Figur jenes Politikwechsels, den das Land dringend braucht. Zugleich sitzt er zwischen allen Stühlen. Die einen kritisieren ihn als konservativen Hardliner, die anderen warnen vor dem Verlust der »klaren Kante« und zu vielen Kompromissen.

Doch wie singt Udo Lindenberg, ein Boomer-Held der Siebzigerjahre: »Mach dein Ding, egal, was die andern sagen!«

Alles klar auf der Andrea Doria?

DER TYPUS ROBERT HABECK – ein grüner Wanderprediger, der zum gefallenen Engel wurde

Im Rückblick ist es ein Phänomen, wie raketenartig der gescheiterte Kanzlerkandidat der Grünen noch vor Kurzem in den Himmel der Bewunderung geschossen worden war und wie hart der Aufprall am Boden der Realität ausfiel, die ihn, den promovierten Kinderbuchautor und Liebling aller Talkshows, nun wieder gnädig aufnimmt. Es lohnt immerhin eine nähere zeithistorische Betrachtung des Phänotyps Robert unter besonderer Berücksichtigung der Sehnsucht nach wahrhaften Vorbildern, lebensphilosophischer Anleitung und transzendentaler Sinnstiftung.

»Solidarität ist die Zärtlichkeit der Völker!« Wer nicht genau wüsste, dass diese linke Parole aus den späten Siebzigerjahren stammt, als kaum eine Hauswand in Frankfurt, Hamburg oder Berlin vor ihr sicher war, könnte glauben, sie gehörte zum rhetorischen Kitsch- und Kuschel-Arsenal der Robert-Habeck-Bibel für fortgeschrittene Politologie-Studentinnen. Es ist ein Phänomen: Egal, was der Robert tat, egal, was die fatalen Folgen seiner dirigistischen Klima- und Wirtschaftspolitik der zurückliegenden drei Jahre waren – er kam einfach super rüber in all seiner perfekt zur Schau gestellten knuffeligen Dreitagebart-Nachdenklichkeit, seiner inszenierten Demut, von der aus er immer wieder zum großen Gedankenflug ansetzte, der am Ende in den prasselnden Beifall seines enthusiastisch mitfühlenden Publikums mündete.

Im Jahr des Herrn 2019 hatte er in freier Rede – das immerhin muss man ihm zugestehen – einen Satz formuliert, den er seitdem immer wieder in Variationen zum Besten gab. Er ist symptomatisch für seine wattierte Strickpullover-Semantik, deren sachlicher Gehalt sich beim Nachlesen auflöst wie eine Aspirintablette im Wasserglas: »Diese Partei hat eine neue politische Form geschaffen, eine Form, die jetzt zeitgemäß ist wie keine andere, die eine quasi osmotische Verbindung zur Wirklichkeit herstellt, wo die progressiven Kräfte reindiffundieren können in die Partei, wo wir die Energie aufnehmen können, wir aber gleichwohl wie durch eine Membran getrennt sind von einer reinen Bürgerbewegung.«

Karl Kraus hat einmal geschrieben: »Je näher man ein Wort anschaut, desto ferner sieht es zurück.« Bei Habeck gilt das für ganze Absätze und Textpassagen. Gleichwohl erzeugt er stets den Eindruck bühnenreif vertiefter Reflexionstätigkeit, die allerdings nicht in der klassisch ergebnislosen deutschen Grübelei versinkt, sondern sich immer wieder aufschwingt zum angetäuschten geistigen Höhenflug. Freilich verpufft er wie der Inhalt einer Parfümflasche, der sich in feinsten Partikeln ausbreitet und dann der Entropie verfällt, der akuten Zerstäubung.

Vor allem Frauen, so hörte man im näheren Bekanntenkreis, interpretierten seine zuweilen etwas unsicher wirkenden, stockenden, tastend vorwärts suchenden, wolkigen Antworten bei öffentlichen Auftritten als Ausweis einer endogenen, gleichsam genetisch verankerten sympathischen Nachdenklichkeit, die sich vorschnellen Antworten verweigert, weil die Zusammenhänge zu komplex sind. Das war der uneinholbare Robert-Faktor, ein gefühlsstarkes positives Ressentiment, das jenseits jeder vernunftbasierten politischen Beurteilung seine Wirkung entfaltet.

Auch eine *Spiegel*-Redakteurin, Jahrgang 1959, die den guten alten basisdemokratischen Grünen der Gründerzeit nachtrauert, haderte mit dem Habeck-Kult, dessen ebenso schlichte wie subtile Botschaft lautete: »Vertraut mir. Ich sitze nachts am Küchentisch, ich bin immer für euch da. Ich trage ein Armband in Taylor-Swift-

Manier, darauf steht Kanzler-Era, ich mache das und sage damit zwinkernd: Ich kenne eure Codes.«

Eine peinliche Anbiederung: »Die Botschaft bin ich.« Aber passt nicht genau diese Message wie das Armbändchen am Handgelenk in die medienkompatible Ära des Narzissmus, deren Vorbild Elon Musk sein könnte? Diese strategische Egomanie ist so offensichtlich und derart unverstellt, dass sie zumindest im unmittelbaren Augenblick funktioniert.

Habecks grüne Masche – das politische »Narrativ« als progressive Märchenerzählung – war lange Zeit erstaunlich erfolgreich. Zu ihr gehörte auch eine Art Selbstergriffenheit des »Anführers«, ein Sendungsbewusstsein mit dem persönlichen Coolnessfaktor, der die Predigt immerhin nicht komplett in den Politkitsch abrutschen lässt, weil der Wortschwall pseudophilosophisch drapiert wird.

Das, was Habeck für viele zum großen »Kommunikator« machte, besteht im Kern aus der Kunst, eine »komplexe« Realität heraufzubeschwören, ohne sie konkret zu benennen und sich ihren Widersprüchen und Problemen zu stellen. Ein sprachlicher und ein hermeneutischer Fake, eine systematische Irreführung, Fiktion als Politik. Kulissentheater unter der Vorspiegelung stirnfaltenproduzierender Geistesanstrengung.

Robert Habecks Spezialität ist die nicht zu Ende gedachte Halbwahrheit, etwa bei jener »grünen Transformation« hin zur endgültigen »Klimaneutralität«, deren Absurdität darin besteht, die CO_2-freien Strom produzierenden deutschen Atomkraftwerke komplett abzuschalten, um dann Atomstrom aus Frankreich zu importieren, während neue Gaskraftwerke gebaut werden müssen, um die nicht grundlastfähigen Wind- und Sonnenenergie-Kraftwerke, etwa bei Dunkelflaute, zu ersetzen, was die Stromkosten nach oben treibt. Aber der Robert fand auch dann immer die richtigen Worte, um von dieser strategischen Fehlkonstruktion der Energiewende abzulenken.

Dabei halfen ihm auch Journalisten, die keine professionelle Distanz mehr wahrten zum Objekt ihrer heimlichen Bewunderung, sie allenfalls vortäuschten. Und die zahlreichen Fans wollten ihn einfach mal in den Arm nehmen und ihm ins Ohr flüstern: »Passt das so für dich?«

Die Frage bleibt: Was wird jetzt aus dem Robert, da er »keine führende Rolle in den Personaltableaus der Grünen mehr anstreben« möchte.

Vermisst wird er allerdings jetzt schon. Mehrere Hunderttausend tief betroffene Menschen haben kurz nach der Wahlniederlage in einem offenen Brief den Verbleib von Robert Habeck in der Politik gefordert. In einer Zeit voller Krisen brauche es »Menschen – und noch wichtiger Führungspersönlichkeiten – wie dich«. Er widersetze sich nach wie vor »dem rückwärtsgewandten, zynischen und entmenschlichten Diskurs« und stehe ein für »Verstand, Zusammenhalt und Zuversicht«. Fast flehentlich: »Du bist für viele ein Hoffnungsträger!«

Da heißt es erst mal tief durchatmen, Gummistiefel anziehen und ab ins Wattenmeer. Ein Mensch, kein Wort. Oder doch? Sein Mandat im Bundestag hat er immerhin angenommen. Jedenfalls fürs Erste.

MAL EBEN WAS ZUR WELTLAGE

Nein, die Ampel-Regierung war nicht an allem schuld gewesen, aber was in den letzten Jahren immer wieder auffiel, ist die mangelnde Reaktionsgeschwindigkeit auf globale Ereignisse, die Unfähigkeit, strategisch zu denken und die Interessen des eigenen Landes mit denen anderer so zu vermitteln, dass nicht immer nur ein Nullsummenspiel herauskommt, bei dem man allenfalls den Großen Regenbogenorden am Bande für vorbildliches ethisches Verhalten gewinnen kann. Der Sturz des brutalen Assad-Regimes war ein aktuelles Beispiel.

Während die Freude Zehntausender nach Deutschland geflüchteter Syrer auf den Straßen keine Grenzen kannte und viele nur darauf warteten, endlich wieder ihre vertrauten Dörfer und Städte zu sehen, lange vermisste Verwandte und Freunde wiederzufinden, machte man sich, jedenfalls im linksgrünen und, ja, linksprotestantischen Spektrum sogleich schwere Sorgen über »populistische Forderungen«, die darauf hinausliefen, nun seien die Asyl- und Schutzgründe für die etwa eine Million syrischen Flüchtlinge ja de facto entfallen, und der Rückkehr in die Heimat stehe nichts mehr im Wege.

Das sei alles »verfrüht« und »voreilig«, ja »schäbig« und »herzlos«. Einfach nur zum »Gruseln«. »Drecksäcke!«, schimpfte Linken-Chef Jan van Aken, der nun mit einer überraschend großen Fraktion im Bundestag sitzt. »Abstoßend!«, wütete die grüne Umweltministerin Steffi Lemke. Und *Monitor*-Chef Georg Restle »schämte« sich wieder einmal für Deutschland – unbestritten seine berufliche Lieblingsbeschäftigung.

Ganz anders der neue Regierungschef in Damaskus, Mohammed al-Baschir. Er rief syrische Flüchtlinge in aller Welt auf, in ihre Heimat zurückzukehren. Dem italienischen *Corriere della Sera* sagte er: »Mein Appell richtet sich an alle Syrer im Ausland: Syrien ist jetzt ein freies Land, das seinen Stolz und seine Würde wiedererlangt hat. Kommen Sie zurück!«

Angela Merkels berühmter Selfie-Syrer von 2015, Anas Modamani, will aber nicht zurück, sondern in Deutschland bleiben. Er versucht sogar immer noch, seine Familie aus Syrien nachzuholen. »Das Land ist zerstört, es gibt kein Geld mehr in Syrien, langfristig ist das kein Ort zum Leben«, sagte er der *BILD*-Zeitung. Wer es dann wiederaufbauen soll, interessiert ihn offenbar nicht. Nebenbei ein anschaulicher Offenbarungseid in der gesamten Asyl-Debatte.

Derweil erließ das Bundesamt für Migration und Flüchtlinge korrekterweise einen vorläufigen Stopp aller syrischen Asylverfahren, um erst einmal abzuwarten, wie sich die Lage entwickelt. Obwohl sie durchaus Anlass zur Hoffnung gab, erhoben sich warnende Stimmen vor einer »überstürzten Debatte« – ob bei »Pro Asyl« oder der Evangelischen Kirche. »Eine sichere Rückkehr für geflüchtete Syrerinnen und Syrer« sei unter diesen Umständen »unverantwortlich« und brächte »Schutzsuchende in eine Situation, die sie erneut in Lebensgefahr bringen würde«.

Es sei daher »jetzt überhaupt nicht der Zeitpunkt, zu diskutieren, ob und wie Menschen in dieses Land zurückkehren sollen«. Schluss der Debatte! Wohin soll das noch führen, womöglich zu einer Verbesserung der Situation für alle Beteiligten, dem Wiederaufbau Syriens unter Beteiligung von Millionen Rückkehrern? Gar zu einer echten Zeitenwende im zehnjährigen Asyl- und Flüchtlingsstreit und einer grundsätzlichen Änderung der Verhältnisse im Nahen Osten?

Im *ZDF-Morgenmagazin* reckte eine Journalistin der *Frankfurter Rundschau* routiniert den Zeigefinger der stets abrufbaren Empörungsbereitschaft, um darauf zu verweisen, »so« zeige Deutschland wieder einmal sein »hässliches Gesicht«. Dabei hatte Angela Merkel, Ehrenkanzlerin auf Lebzeiten, im September 2015 doch ein für alle Mal ein »freundliches Gesicht« in Germanistan angemahnt!

Und schon war er wieder im vollen Gange, der endemische deutsche Moraldiskurs, dem mit Tatsachen und Argumenten nicht beizukommen ist: hier die unchristlichen Abschiebefreunde und rechten Ausländerfeinde, dort die humanistischen Linken, die über die verflossene »Willkommenskultur« wachen wie ein alternder König über sein verfallendes Reich.

Vor allem bei den Grünen und ihren zahllosen Freunden bei den NGOs schien es eine Art retardiertes Verlustgefühl zu geben, einen Phantomschmerz in Zeitlupe – die rasanten Veränderungen, die Hunderttausenden Syrern eine ganz unerwartete Perspektive der Freiheit in ihrem Heimatland eröffnete, löste bei manchen ein transzendentales Unbehagen aus. Zu sehr hatte man sich seit 2015 an die Politik einer dauerhaften humanitären Betreuung und Versorgung gewöhnt, an das Gefühl, jetzt aber wirklich, ganz praktisch und für alle Zeiten auf der moralisch richtigen Seite der Geschichte zu stehen.

Nun drohten die »Geflüchteten« und »Schutzsuchenden« wie volljährig gewordene Kinder das Haus, in diesem Fall die Asyllager, Containerdörfer und andere Massenunterkünfte, zu verlassen, und das auch noch freiwillig und eigenständig. Ein Kontrollverlust ganz eigener Art. Die Objekte der fürsorglichen Inobhutnahme drohen sich selbstständig zu machen. Mehr noch, es kam etwas ins Rutschen, und das ist das Seltsame: Die Angst vor Veränderung, in Deutschland traditionell eher konservativ oder rechts geprägt, ist nach links gewandert, dorthin, wo man sich an ewige Gewissheiten gewöhnt hat, die in Parolen wie »Nie wieder Deutschland!« und

»Liebe Ausländer, lasst uns mit den Deutschen nicht allein!« ihren treffenden Ausdruck finden.

Denn immer noch und heute erst recht gilt, dass in Deutschland die rassistische und faschistische Fratze gleich an der nächsten Ecke lauert. Nichts ist beständiger als der deutsche Selbstverdacht, das angeborene Selbstmisstrauen, die tiefe Unsicherheit darüber, ob nicht doch ein neuer Führer im tiefsten Sachsen-Anhalt nur darauf wartet, die nächste nationale Erhebung in Szene zu setzen und das Land wieder ins Unglück zu stürzen wie 1933.

So gehört es zu den Absurditäten dieser irren Gemengelage, dass Migranten wie selbstverständlich von ihrer »Heimat« erzählen, in die sie eines Tages zurückkehren wollen, hier aber auf Flüchtlingshelfer treffen, die den Begriff »toxisch« und »nationalistisch« finden und sich allenfalls als »Europäer«, wenn nicht als »Weltbürger« definieren, Motto: »No Borders, No Nations!« Im Zweifel lässt man sich lieber im postkolonialistischen Schuldmodus als »Kartoffel« beschimpfen und belegt freiwillig einen antirassistischen »Critical-Whiteness«-Kursus für Fortgeschrittene. Oder man ruft wie jüngst Greta Thunberg in Mannheim kurz und bündig: »Fuck Israel! Fuck Germany!«

Apropos Weltlage und Schuldgefühl: Das »Schluchzen des weißen Mannes« (Pascal Bruckner), das vielfach gebrochene Selbstbewusstsein des alten Kontinents, ist ein gesamteuropäisches Phänomen, das der Philosoph Peter Sloterdijk als globale Schieflage beschreibt. Während imperiale Diktaturen von China über Russland bis Iran skrupellos und gewaltsam ihre Interessen durchsetzen, geben sich die Europäer der Lust an der moralischen Selbstkritik hin und schwächen sich damit selbst.

Anstatt sich in dieser konfliktreichen Welt nach Kräften zu behaupten, stellten sie sich, so Sloterdijk, bereitwillig selbst an den Pranger, um die alleinige Schuld an den Übeln der Welt zu übernehmen. »Die postkolonialen Studien«, schreibt Sloterdijk, »bilden die jüngste Metastase des von der religiösen Geständniskultur präformierten Geistes der europäischen Selbstkritik.«

Dies sei ein wahrer »Amoklauf der Selbstbezichtigung« – eine Folge des historisch gewachsenen Geständniszwanges, der Wasser auf die Mühlen der Diktatoren sei. Für viele westliche Intellektuelle, insbesondere radikale Linke, die ins Lager des globalen Südens übergelaufen sind, sei »der Zivilisationsverrat das Gebot der Stunde«. Damit spielten sie, so Sloterdijk, China in die Hände, das die Menschenrechte als eine verfehlte regionale Ideologie des Westens abtue.

Ironie der Geschichte: Zur gleichen Zeit fliehen Millionen Menschen aus Diktaturen und Kriegsgebieten nach Europa und Amerika – nach wie vor und trotz alledem die Leuchtfeuer von Freiheit und Wohlstand in der Welt. Das daraus erwachsende Bewusstsein einer unbestreitbaren moralischen Überlegenheit verwandelt sich aber nicht in die Entschlossenheit, die eigenen Werte und Interessen konsequent nach außen zu vertreten. In den meisten Fällen bleibt es bei moralischen Appellen, diplomatisch drapiertem Appeasement und milliardenschweren Hilfsgeldern, die, wie im Falle der Palästinenser im Gazastreifen, überwiegend in Korruption, Waffen und Tunnelbau fließen.

Europas Außenpolitik ist eine Mischung aus Warenexport und Rotem Kreuz geworden, umgeben von einem riesigen Arsenal schöner Absichtserklärungen, die auf den unzähligen Konferenzen in aller Welt, ob bei Klima- oder Handelsfragen, wortreich propagiert werden. Ein klassisches Beispiel war die spektakulär annoncierte »feministische Außenpolitik« von Annalena Baerbock, von der man in drei Jahren Ampel-Regierung nie mehr etwas gehört hat.

Es war einfach nur eine Werbebotschaft gewesen, ein aufgeklebtes Label für eine leere Verpackung, ein Teaser für Naive und Gutgläubige. Doch diese reklamehafte Großspurigkeit ist repräsentativ für die paradoxe Gleichzeitigkeit von Größenwahn und Selbstverleugnung, die in Europa, speziell aber in Deutschland, die politische Kultur prägt.

Selbst der linksliberale, im Zweifel Ampel-freundliche *Tagesspiegel* kritisierte die »floskelhafte, technokratische, weitgehend starre Außenpolitik« von Scholz & Co., die »Deutschland klein« mache und »verzwerge«: »Bis heute agiert man mit den immer gleichen Formeln aus dem Genscher- und Steinmeier-Handbuch (›Es kommt jetzt darauf an, dass beide Seiten aufeinander zugehen‹), während sich die Welt rasant, disruptiv ändert. Bewegungslosigkeit in einer Zeit der Bewegung.«

Immerhin das könnte sich jetzt ändern. Besser: Es muss sich ändern, will Europa in der Ära Trump nicht zum geopolitischen Zwerg werden.

MEINE KLEINE STRASSE

Wenn wieder einmal das Weltchaos, das medial pausenlos auf uns einstürmt, die Stimmung unter die gefühlte Nullgradgrenze gedrückt hat, wenn die schlechten Nachrichten über Krieg, Klima- und andere Katastrophen, Wirtschaftskrise, islamistischen Terror, die Erhöhung der Krankenkassenbeiträge und den neuesten Trump-»Hammer« *(BILD)* uns die Seele abzuschnüren drohen, dann ist es Zeit, vom Schreibtisch aufzustehen und rauszugehen. Wer nicht schon ein Flugticket für die Seychellen in der Tasche hat oder eine Bahnfahrkarte nach Meran, der kann auch einfach vor die Haustüre gehen. Selbst diese Maßnahme hilft – und zwar unmittelbar.

Bei mir jedenfalls. Denn ja, das gibt es noch, das ganz normale Leben da draußen, wo nichts »viral geht«, kein kokainabhängiger »Influencer« jede Menge depperte »Follower« hat und niemand etwas »postet«, sondern der Briefträger auf seinem gelben E-Bike 1.0 brav übers Pflaster jagt, um die Unterlagen zur Briefwahl noch gerade rechtzeitig in die verbogenen und verbeulten Berliner Briefkästen zu werfen.

Für diesen Augenblick jedenfalls sind die Dauerdebatten über die Spaltung der Gesellschaft, die wachsende Schere zwischen Arm und Reich, drohende Pandemien, das Ende des 49-Euro-Tickets, muslimischen Antisemitismus, Integrationsprobleme in Berlin-Neukölln und den Hausärztemangel in Ostsachsen vergessen. Das gilt auch für die flammende Austrittserklärung eines langjährigen SPD-Mitglieds, der seiner Ex-Partei »das sträfliche Vernachlässigen der Themen Migration und innere Sicherheit, die Haltung zu Taurus, das Eingehen von Koalitionen mit dem BSW, das Versagen in der Wirtschafts- und Sozialpolitik sowie den kontinuierlichen Versuch, die Schuldenbremse aufzuweichen,« vorwarf.

Hamid, unserem tunesischen Fischer im Souterrain-Laden vis-à-vis, ist das schwere Schicksal der deutschen Sozialdemokratie, die schon lange den »gesunden Menschenverstand verloren hat«, wie das ausgetretene SPD-Mitglied beklagte, ziemlich egal. Er zerlegt gerade einen riesigen, frisch angelieferten Schwertfisch in verkaufsfähige Portionen, die dann zu Lachs, Thunfisch, Dorade, Red Snapper, Octopus, Tigergarnelen, Austern und Miesmuscheln aufs Eisbett in der Vitrine kommen. Der Begriff »Fischhändler« ist in seinem Fall massiv untertrieben.

Er war jahrelang Koch in Spanien, Frankreich und Italien und spricht neben sehr gutem Deutsch Arabisch, Spanisch, Französisch und Italienisch. Vermutlich kann er sich auch in Portugiesisch und Katalanisch verständigen. Wenn er gerade mit einem italienischen Kunden parliert, nur um Sekunden später dem nächsten auf Französisch einen fangfrischen Seeteufel ans Herz zu legen, dann fühlt man sich als biodeutscher Under-Performer, der neben Hessisch und Englisch gerade mal Schulfranzösisch vorzuweisen hat und schon gar keinen Fisch ausnehmen kann, fast ein bisschen unwohl. Aber man hat die deutsche Stahlkrise aus dem Kopf.

Und man freut sich über normale Menschen, die mit Engagement ihrem Beruf nachgehen und nicht ständig die »Wärmewende« im Kopf haben. Im Notfall legen sie eine Wolldecke auf den Stuhl. Im Irish Pub gegenüber, betrieben von einer sympathischen ostdeutschen Combo aus dem Großraum Eberswalde, ist das verpönt. Ein Guinness wärmt im Zweifel Körper, Geist und Seele, erst recht die Bundesliga-Live-Konferenz am Samstagnachmittag, wenn die sportlich aufgeschlossene Kiezjugend samt einigen älteren Fußballfans in ihrem Element ist. Abseits oder nicht? Das ist hier die Frage.

Man grüßt sich, man hilft sich, nimmt Pakete entgegen und liefert sie nach Bedarf selbst aus, ist gegenseitig Gast und Gastgeber und ärgert sich gemeinsam über den auch hier zu beobachtenden Trend, Müll als »Geschenk zum Mitnehmen« auszugeben und einfach auf den Bürgersteig zu stellen, alte Kühlschränke, versiffte Matratzen, kaputte Regale und ausrangierte Bücher – ein ziemlich unverschämtes semantisches »Upgrade«, das in Wahrhaft asozial ist, Symptom akuter Wohlstandsverwahrlosung auch im Revier der Wohlmeinenden und Besserlebenden. Manch einer spielt dann schon mal den Hausmeister, den es nicht mehr gibt, und schafft das Zeug eigenhändig weg.

Zwei Häuser weiter geht es dann schon wieder um Hummus oder Shakshuka – und man entscheidet sich, gerade in diesen Krisenzeiten, gerne für das israelische Kichererbsenmus, zu dem allerdings auch ein arabischer Salat bestellt werden kann. Hundert Prozent arabisch-orientalisches Essen gibt es ein paar Schritte weiter, und an der anderen Ecke der kleinen Straße wartet eine japanische Brasserie auf Kundschaft, ebenso ein Vintage-Klamottenladen, dazu ein Sushi-Laden und der obligatorische Italiener, dessen Geschäftsführerin eine Polin ist – und ein Eissalon, vor dem sich im Sommer die Kinder drängen.

Auf der anderen Straßenseite gehen in der Zahnarztpraxis Wurzelbehandlungen gewohnt routiniert über die Bühne, im Sommer gern bei offenem Fenster. Der marokkanische Einrichtungsladen neben der Trattoria hängt dann draußen seine dicken Teppiche nur Zentimeter entfernt vom ersten, in rot-weißem Karo gedeckten Tisch auf, was schon zu einem kleinen multikulturellen Interessenkonflikt geführt hat, der sich aber auf Basis der Haager Landkriegsordnung ganz zivil lösen ließ.

All die aufgeregten, medial aufgeblasenen Empörungsdebatten über »strukturellen Rassismus« in der Mitte der Gesellschaft wirken hier geradezu absurd, fern jeder Realität. Die robuste, real existierende Vielfalt in dieser kleinen Wohnstraße ist nur ein Spiegel der deutschen Normalität, so alltäglich und selbstverständlich wie an tausend anderen Orten, wo Freundlichkeit und gute Nachbarschaft an jedem Einzelnen hängen und nicht an Extremismusstudien aus Bielefeld oder Enthüllungsreportagen aus »Dunkeldeutschland«.

Zurück in die angeschlossenen Sendeanstalten. Der ARD-*Brennpunkt* »Krieg im Nahen Osten – droht ein Flächenbrand?« wartet schon auf seine Zuschauer.

ENDLICH FREI: DER TYPUS DES EX-POLITIKERS

Der Ex-Politiker hat einen Riesenvorteil, wenn er Interviews gibt, Gastbeiträge schreibt oder in Talkshows auftritt: Er hat es hinter sich. Er muss nicht mehr auf die ominöse Parteibasis hören, auch nicht auf den linken oder rechten Flügel seiner Partei, er muss nicht mehr all die unzähligen und stundenlangen Sitzungen absolvieren und er muss nicht mehr minutenlang um die Antwort auf eine Frage kreisen, die ihn womöglich Wählerstimmen kosten könnte, auch wenn sie völlig zutreffend und sachgerecht ist.

Nun darf er »Klartext reden«, Wahrheiten aussprechen und Realitäten benennen, die zwar weiten Teilen der Bevölkerung geläufig sind, aber eben nicht dem Funktionärskader in Vorstand und Präsidium. Selbst dorthin dringen zuweilen irritierende Lichtstrahlen aus der rauen Wirklichkeit draußen im Lande, aber dann werden die Vorhänge schnell wieder zugezogen, weil die Augen der Parteisoldaten zu schmerzen beginnen, denn im Wahlprogramm steht ja ganz anderes.

Der Ex-Politiker ist längst raus aus diesem Käfig. Er muss keine Karriere mehr machen – Aufsichtsratsposten werden ihm geradezu nachgeschmissen –, er muss keine Wahlen mehr gewinnen und auch nicht Bundeskanzler werden, sollte er das je vorgehabt haben. Ehemaligen Parteifreunden, die eigentlich Parteifeinde waren, muss er nicht mehr Honig um den Mund schmieren, und das fortgeschrittene Lebensalter, im parteiinternen Konkurrenzkampf um

Listenplätze und Ämter durchaus hinderlich, wird in der Rolle des gut abgehangenen Elder Statesman zum Zeichen höherer Einsicht und tieferer Weisheit.

Mit zeitlichem Abstand und einer gewissen metaphysischen Gelassenheit blickt er auf seine politische Vergangenheit zurück und ist sogar in der Lage, freiwillig den einen oder anderen Fehler einzugestehen, den er gerne als »Fehleinschätzung« bezeichnet, weil das menschlicher klingt und verständlicher.

Wer hätte nicht schon einmal die Entwicklung der Inflation oder den Platz von Borussia Dortmund in der Bundesliga-Halbzeittabelle falsch eingeschätzt, also vorhergesagt? Zugleich ist der Ex-Politiker mit allen Wassern gewaschen, kennt die Interna seiner Partei aus dem Effeff, das eine oder andere Privatgeheimnis inklusive, und liegt deshalb mit seinen Einschätzungen der Lage nun wahrscheinlich gar nicht so falsch. Sollte er sich abermals geirrt haben, dann macht das nichts. In drei Monaten fragt niemand mehr danach.

Die Zuschauer und Leser allerdings fragen sich, warum »so einer« nicht jetzt als Kanzler eine viel bessere Wahl wäre als der noch amtierende Lurch, der es nun gar nicht zustande bringt, irgendetwas zu sagen, was sich mit der Realität in eine sinnvolle Verbindung bringen lässt. Die Ironie der Geschichte besteht allerdings darin, dass etwa der berühmte Ex-Politiker Peer Steinbrück »so einer« ist, der es schon mal versucht hat, als er 2013 als sozialdemokratischer Kanzlerkandidat der SPD gegen Angela Merkel verlor. Auch Theo Waigel (CSU), Sigmar Gabriel (SPD) und Armin Laschet (CDU) waren viele Jahre an der Spitze von Partei und Regierung, Gabriel als Vizekanzler neben Angela Merkel.

Umso bemerkenswerter, was er heute über das Paradeprojekt seiner Partei und die ideologische Schlagseite des Funktionärsapparats sagt: »Das Bürgergeld entwertet Arbeit, weil es in Konkurrenz zu den unteren Lohngruppen tritt«, gestand er der *FAZ*. Dazu komme, »dass die SPD in den letzten Jahren oft versucht hat, grüner zu sein als die Grünen«.

Und: »Immer mehr SPD-Funktionäre scheinen zu glauben, die Teilnahme an Parteigremien, Parlamentssitzungen und Ausschüssen sei ausreichend, um Politik zu machen. Es gibt in der politischen Linken weltweit einen sehr verbreiteten Hang zum Jakobinertum: Wenn jemand von der gerade herrschenden Linie abweicht, wird schnell der Wohlfahrtsausschuss zusammengerufen und der politische Garaus vorbereitet.«

Also spricht der ehemalige SPD-Vorsitzende, und es bleibt – wie bei allen anderen Ex-Politikern – nur eine Frage offen: Warum nicht früher so? Was hat ihn gehindert, diese Tatsachen offen auszusprechen, als er noch in Amt und Würden war? Genau hier kommt der große Rest der Gesellschaft ins Spiel, die berühmten Bürgerinnen und Bürger draußen im Lande. Und die Medien, die jeden »Unmut« an der »Basis« nur zu gerne aufgreifen und verstärken.

Man will, dass Politiker »die Wahrheit sagen« – aber wenn sie einem dann nicht passt, möchte man sie lieber doch nicht hören, vor allem, wenn sie etwas kostet, also irgendwie unbequem ist. Dass dieses Paradox für fast alle anderen demokratischen Länder gilt, macht es nicht besser – ein Blick nach Frankreich zeigt immerhin, wie sehr sich der Selbstbetrug schon in der Republik eingenistet hat.

Wer hierzulande darauf hinweist, dass bei einer tendenziell sinkenden Erwerbsbevölkerung, immer längerer Lebenserwartung und schrumpfender Arbeitsproduktivität das aktuelle Rentenniveau nicht zu halten ist, erntet einen Sturm der Entrüstung, erst recht in Wahlkampf- und Umbruchzeiten wie jetzt. Aha, diese schamlosen Politiker, die sich ständig selbst bedienen, wollen also die Renten kürzen und gleichzeitig das Renteneintrittsalter erhöhen, dazu sollen die Leute auch noch länger arbeiten! Skandal, asozial, pfui Teufel!

Die Begleitmusik der Medien wird einen ähnlichen Dreiklang anschlagen, allein schon, weil die Grundrechenarten nicht mehr zum journalistischen Rüstzeug gehören und allzu gerne die jederzeit abrufbare emotionalisierende Empörungsbereitschaft aktiviert wird, gesellschaftskritisch unterfüttert, versteht sich. So ist er eben, der Raubtierkapitalismus.

Auch der von Noch-Verteidigungsminister Pistorius geprägte Begriff der »Kriegstüchtigkeit«, der ja nichts anderes meint als Wehrfähigkeit und Verteidigungsbereitschaft, lädt dazu ein, skandalisiert zu werden, obwohl er exakt die Sachlage angesichts von Putins Angriffskrieg gegen den Westen trifft. Aber man kann sich auf die üblichen Reaktionen verlassen: »Militarismus«, »Kriegsvorbereitung«, »Aufrüstung«! Wie viel Milliarden das kostet. Und für die Bildung tun sie nix!

Das gleiche Schauspiel vollzieht sich seit Jahr und Tag in der Migrationspolitik. Wer sagt, dass das deutsche Asylsystem, basierend auf Grundgesetz Artikel 16a, längst dysfunktional für die Realität massenhafter illegaler Einwanderung geworden ist, gilt in weiten Teilen der Öffentlichkeit umstandslos als Rassist und Menschenfeind, der zugleich den Rechtsstaat demontieren und »Europa« zerstören will.

Auch offensichtliche Pull-Faktoren illegaler Migration nach Deutschland wie das Bürgergeld und die schier endlose Abfolge von Widerspruchs- und Klagemöglichkeiten abgelehnter Asylbewerber werden bestritten, erst recht aussagekräftige Kriminalitätsstatistiken des BKA, die eine weit überproportionale Repräsentation eingewanderter junger Männer bei Gewaltdelikten belegen.

Was nicht sein darf, das kann auch nicht sein. Realitätsverleugnung par excellence. Eine flagrante Abwehrhaltung, die dazu dient, innere Konflikte auf eine Weise zu bearbeiten, die der seelischen Verfassung Entlastung verschafft – ein Klassiker der Psychoanalyse. Ein »safe Space« für die eigenen Überzeugungen und Glaubensinhalte, die man sich nicht nehmen lassen will, schon gar nicht von angeblichen »Tatsachen«.

Weil dieser Mechanismus auch bei einem Großteil der Bevölkerung funktioniert, hat sich die politische Klasse darauf eingestellt, unangenehme Wahrheiten, wenn überhaupt, dann nur in kleinen

Dosen zu verabreichen. Eine Falle, die sie sich auch selber stellt, weil sie notwendige Entscheidungen verzögert oder ganz unmöglich macht.

Das Privileg des Ex-Politikers ist, dass er der Falle entkommen ist. Allerdings hat er auch nichts mehr zu entscheiden. Wir werden sehen, wie Olaf Scholz, Christian Lindner und Robert Habeck damit zurechtkommen.

WO KOMMEN SIE ALLE PLÖTZLICH HER, die friedliebenden Putin-Freunde?

»Sag mir, wo die Blumen sind, wo sind sie geblieben? Sag mir, wo die Blumen sind, was ist gescheh'n? Sag mir, wo die Blumen sind, Mädchen pflückten sie geschwind, wann wird man je versteh'n, wann wird man je versteh'n?«

So sang einst Marlene Dietrich. Wir aber fragen: Wo kommen all die Russenfreunde, Antisemiten und Amerikafeinde her, deren politische Repräsentanten – vor allem AfD und BSW, aber auch Teile von SPD und Linken – inzwischen auf eine Wählerschaft von bundesweit rund 25 Prozent zählen können? Selbst wenn man zugesteht, dass viele Wähler diese Ressentiments nicht oder nur punktuell teilen – was heißt das für unser Land, in dem seit 1945 stets die historische Lehre galt: Nie wieder Krieg, nie wieder Faschismus!? Das hieß immer auch: nie wieder eine Diktatur, die Einmannherrschaft eines durchgeknallten Wahnsinnigen, der systematisch Massenmord begeht und ganze Völker ins Unglück stürzt, einschließlich des eigenen!

Was aber ist Wladimir Putin anderes als diese imperialistische und, ja, faschistische Verbrechergestalt? Er unterdrückt die Freiheit des russischen Volkes, lässt beliebig Oppositionelle verhaften und ermorden, führt seit drei Jahren einen skrupellosen Angriffskrieg gegen die Ukraine, destabilisiert Nachbarstaaten, greift EU-Länder mit Cyberattacken an, droht mit Atombomben, kooperiert bei alldem eng mit totalitären Schurkenstaaten wie Nordkorea und Iran und beherbergt ganz selbstverständlich Kriegsverbrecher wie den geflohenen syrischen Herrscher Assad.

Aber nein, sagen erstaunlich viele Bürgerinnen und Bürger hierzulande, Linke wie Rechte, manchmal auch nur eher unpolitische Zeitgenossen, der Westen hat doch auch Fehler gemacht und die Russen provoziert durch die Osterweiterung der NATO. Da hätte man sensibler vorgehen müssen. Die russische Seele ist eben empfindlich.

Und Russland hat ja auch Sicherheitsinteressen! Doch wie immer man das alles sieht: Jetzt muss verhandelt werden! Diplomatie statt Waffen, die doch nur immer mehr Tod und Zerstörung bringen. Es geht um Frieden statt um Krieg. Das müsste leicht zu verstehen sein. Gerade wir Deutschen wissen, was Krieg bedeutet. Und Russland ist viel zu mächtig, um es sich auf Dauer zum Feind zu machen. Bald wird wieder Frieden sein. Trump macht ja Tempo und strebt den ultimativen »Deal« mit Putin an. Dann wird alles gut, oder?

So kann man nur reden, wenn man gezielt wegschaut und die Tatsachen ignoriert, von der fehlenden Empathie für die ukrainische Bevölkerung ganz zu schweigen. Über die Motive dieser eklatanten Realitätsverweigerung, die von Sahra Wagenknecht über Alice Schwarzer und Margot Käßmann bis hin zu AfD-Trollen wie Tino Chrupalla und braven Sozialdemokraten reicht, die immer noch den Zeiten der guten alten Friedensbewegung nachhängen, kann man nur spekulieren.

Zwei grundsätzliche Einstellungen der neuen Friedensapostel sind jedoch auffällig: ein tief sitzender Antiamerikanismus, oft mit antiwestlichen, antikapitalistischen und antisemitischen Ressentiments vermischt, und eine intuitiv vorauseilende Unterwerfungsbereitschaft, die dem berühmten »Stockholm-Syndrom« ähnelt, bei dem Opfer sich mit den Tätern verbünden.

Zu alledem kommt eine diffuse, endemische Angst, das Gefühl, das nächste potenzielle Opfer zu sein, während das Schicksal der wahren Opfer des Krieges auf geheimnisvolle Weise in den Hintergrund gerät und nur ganz allgemein zu den »Schrecken« gezählt wird, die der Krieg eben so mit sich bringt.

Offenbar verbindet sich ein europäisch-westlicher Selbstüberdruss, die fahrlässige Geringschätzung unserer Freiheiten, mit der Feigheit vor einem Feind, mit dem man sich möglichst gut stellen muss. Das ist der perfekte Geiselstatus. Der Erpresser sagt: »Wenn ihr euch wehrt, dann seid ihr tot.« Nichts anderes bezwecken die russischen Drohungen mit einem Atomkrieg. Wer darauf hereinfällt, hat schon verloren. Der Rest sind Kapitulationsverhandlungen mit unendlich viel »Diplomatie«, die weiße Salbe der Weltpolitik.

Dass es am Ende hoffentlich doch nicht so weit kommen wird, liegt an der noch bestehenden Mehrheit der Menschen in Europa, die sich nicht versklaven lassen will und das Leben in Freiheit liebt. Noch hat die Angstpropaganda, von der auch Olaf Scholz zu Wahlkampfzwecken in unanständiger Weise Gebrauch gemacht hatte, ihre Wirkung nicht erzielt.

Niemand weiß, wie das alles ausgeht, erst recht nicht angesichts von Donald Trumps erratischer Politik gegenüber Putins Russland, die die Ukraine nur noch als lästiges Hindernis einer »goldenen Friedensära« betrachtet. Aber die Erinnerung an die Appeasement-Politik gegenüber Hitler in den Dreißigerjahren des 20. Jahrhunderts sollte eine Warnung sein. Jeder Vertrag, jeder Waffenstillstand und jede Friedenskonferenz war nur der Auftakt zur nächsten Etappe des Eroberungs- und Vernichtungskriegs.

Auch den Friedensfreunden von damals blieb dann nur die Losung »Rette sich, wer kann!«.

ASIATENSCHWEMME IN DER »ATSCHEL«

Viele Entwicklungen muss man ja auch dialektisch sehen, also unter dem Aspekt, dass sich problematische Widersprüche auf einer anderen, höheren Ebene als neue Einheit, gar als positive Tastsache erweisen. So wie neulich in der »Atschel«, einem traditionellen, holzgetäfelten Apfelweinlokal aus dem 19. Jahrhundert in Frankfurt-Sachsenhausen, wo der gut gefüllte Bembel ein Wahrzeichen der Stadt ist wie die Paulskirche, der Römer und das Goethe-Haus – und Heinz Schenk vom »Blauen Bock« ein Nationalheiliger.

Zum Jahreswechsel 2024/2025 stürmten ganze Gruppen asiatischer Touristen, meist Chinesen, die rustikalen Tische, um sich an Rippchen mit Kraut, Haxe und Blutwurst zu laben. Der Ort, der sonst eines der letzten Refugien Ur-Frankfurter Gemütlichkeit ist, verwandelt sich in diesen Mittagsstunden in einen Hotspot des weltweiten Instagram-Tourismus, der die emblematischen Stätten von Good old Germany, in diesem Fall der ehemals Freien Reichsstadt, in deren gotischem Dom über Jahrhunderte die Kaiser des Heiligen Römischen Reiches Deutscher Nation gekrönt wurden, mit fremdländischen Menschenmassen flutet. Auch in der neuen, weitgehend originalgetreu rekonstruierten Frankfurter Altstadt voller Fachwerk und rotem Sandstein ist dann kaum noch ein Durchkommen. Hochgereckte Selfie-Arme, wohin man schaut, ein irres Getümmel jenseits von Gut und Böse.

Irritierend für den deutschen Zeitzeugen am Nachbartisch, wie hingebungsvoll die Menschen aus Fernost, sonst eher mit Holzstäbchen in Hähnchenteilen süßsauer herumstochernd, nun große Fleischstücke mit Messer und Gabel zerlegen und am Ende einen ziemlich geputzten Teller hinterlassen. Gewöhnungsbedürftig sind auch die lauten Schmatzgeräusche, die im asiatischen Kulturkreis kein Zeichen mangelnder Tischsitten sind, sondern Ausdruck fortgeschrittener Behaglichkeit. Schließlich wird schon Martin Luther jene berühmt gewordene Frage im Kreise seiner Tischgenossen zugeschrieben, die auf einer schlichten Ursache-Wirkung-Logik beruhte: »Warum rülpset und furzet ihr nicht, hat es euch nicht geschmacket?«

Der Frankfurter Kellner hat allerdings auf eine ganz andere Frage keine Antwort: Warum bloß kommen die Chinesen in Massen ausgerechnet in die »Atschel«, Wallstraße Nummer 7? Mehr als der klassische Ausruf Frankfurter Lebensphilosophie *Mer waases ned* – man weiß es nicht – kommt nicht über seine Lippen, und schon räumt er den Tisch ab, um Platz zu schaffen für den nächsten Schub hungriger Gäste aus Peking und Schanghai.

Ja, es mag seltsam erscheinen, aber das jahreszeitlich ungewöhnlich hohe asiatische Besucheraufkommen nicht nur in Frankfurt, sondern auch an vielen anderen historischen Orten deutscher Geschichte könnte auch eine positive Nachricht enthalten: Die Leute strömen von weit her nach Deutschland, obwohl sie weder Flüchtlinge noch sonstige Schutzsuchende oder Migranten sind, sondern meist gut situierte Zeitgenossen, die sogar noch Geld mitbringen. Ist das nicht ein Zeichen dafür, wie attraktiv Germanistan selbst nach drei Jahren Ampel-Regierung ist? Nehmen wir es als Kompliment, als Selbstbestätigung inmitten der grassierenden Verunsicherung. Nun soll ja alles besser werden.

Wäre es gar denkbar, dass über den chinesischen Bembel-Tourismus zumindest ein Teil des Umsatzes wieder hereinkommt, der uns in der harten E-Auto-Konkurrenz mit chinesischen Herstellern verloren gegangen ist? Im Ernst: Zeigt das Interesse an Good Old

Germany – von Schloss Neuschwanstein bis zum Kreidefelsen auf Rügen – nicht auch, welche Strahlkraft unser Land besitzt? Wer würde denn über Weihnachten oder zum Jahreswechsel freiwillig nach Peking fliegen, nach Pjöngjang, Moskau, Teheran, Bagdad, Kabul, Islamabad, Algier, Caracas oder Havanna?

Auch wenn es manchmal so aussieht, als liege die einzig realistische Zukunft Deutschlands wie Europas in der möglichst lukrativen Ausgestaltung eines riesigen Freilichtmuseums für Besucher aus dem Rest der Welt – es ist die in jahrhundertelangen Kämpfen errungene Freiheit der westlichen Lebensweise, die allen Grund zu mehr Selbstbewusstsein bietet. In diesem Sinne ist die Frankfurter »Atschel« ein Hort der europäischen Aufklärung. Das Rippchen mit Kraut ist nur die Sättigungsbeilage.

DAS LAND, IN DEM DIE MELDESTELLEN BLÜHEN

Eines muss man uns lassen: Hierzulande wird ständig daran gearbeitet, dass falsche Ansichten, unpassende Äußerungen und abseitige Meinungen, ob an der Bushaltestelle, in der Stammkneipe oder im Büro, nicht mehr einfach so im Raum stehen bleiben können wie früher. Dabei geht es nicht um die Strafbarkeit bestimmter Äußerungen, etwa Aufrufe zur Gewalt, sondern um die Ebene darunter nach dem Motto: Das geht ja gar nicht! Die Kunde ist bis nach Amerika gedrungen. Vizepräsident J. D. Vance nutzte das Thema auf der Münchner Sicherheitskonferenz zu einem Rundumschlag gegen die Einschränkung der Meinungsfreiheit in Deutschland.

Seit Längerem gibt es schon die von der »Antonio Amadeu Stiftung« betriebene »Meldestelle Antifeminismus«, bei der – anonym – vorgeblich frauenfeindliche Äußerungen angezeigt und registriert werden können, gefördert vom Bundesfamilienministerium unter der Grünen Lisa Paus. Insgesamt fünfzig unterschiedliche Meldestellen und -portale gibt es in der Bundesrepublik, darunter »Hessenschauthin«, eine Meldestelle »für rechtsextremistisch und rassistisch motivierte Vorfälle«, und »HessenGegenHetze«, dazu viele weitere Melde- und Dokumentationsstellen für »menschenfeindliche Vorfälle« von Baden-Württemberg bis Hamburg. In der Hansestadt wird die »Meldestelle gegen antimuslimischen Rassismus« MARWA praktischerweise gleich von der »Schura«, dem »Rat Islamischer Gemeinschaften in Hamburg e.V.«, betrieben. Da sind die Islamexperten unter sich, echte Fachleute, die sich freilich nach islamistisch motivierten Attentaten meist recht wortkarg geben.

Im Frühjahr 2025 sollen nun in Nordrhein-Westfalen, noch von der CDU/FDP-Landesregierung unter Armin Laschet angestoßen, gleich vier neue Meldestellen ihre Arbeit aufnehmen – gegen »Queerfeindlichkeit«, »antimuslimischen Rassismus«, »Antiziganismus« sowie »anti-Schwarzen, antiasiatischen und weitere Formen von Rassismus«. Einer von zwei Trägern ist der Verein »interkultur« aus Köln. »Unser Ziel ist es, eine Plattform aufzubauen, auf der Betroffene ihre Diskriminierungs- und Rassismuserfahrungen mitteilen können«, heißt es dort.

Vorstandsmitglied Kemal Bozay, kurdisch-deutscher Sozialwissenschaftler, Alevit und klassischer Linksaktivist, erklärte beispielhaft den Präzedenzfall einer solchen »Meldung«: »Ich war vor drei Wochen in Gelsenkirchen-Buer unterwegs. Drei Männer haben gesehen, dass ich ein Kopftuch trage, und haben gerufen ›Geh zurück nach Anatolien!‹« Ein solcher Vorfall werde dann anonymisiert dokumentiert, ohne den Namen des Anzeigenden oder möglicher Täter zu nennen. Dennoch könne auch ein solcher Vorfall strafrechtliche Folgen haben. Die Meldestelle sei aber keinesfalls eine Form von »Justizbehörde oder Ähnlichem«.

Wie beruhigend. Man wolle nur »Menschen niedrigschwellig ein Ohr leihen, damit sie uns erzählen können, was Ihnen passiert ist«. Man habe auch gar nicht das Personal, um eigenständig zu recherchieren, ob sich ein Vorfall tatsächlich so zugetragen hat wie geschildert.

Ein schönes Eingeständnis. Und der Beleg dafür, dass damit der traditionellen deutschen Denunziationslust, die schon beim Falschparken beginnt, Tür und Tor geöffnet werden. Es muss nicht so weit kommen wie zu Zeiten des Reichspropagandaministers Joseph Goebbels, als Kinder ihre Eltern verpfiffen, wenn sie etwas gegen Hitler sagten oder die BBC hörten, den »Feindsender«. Es reicht schon, dass spontane Bemerkungen im ganz normalen Alltag, die politisch nicht korrekt sind – und das ist jedwede Kritik am Islam –, skandalisiert und »gemeldet« werden.

Die übliche Verächtlichmachung des Christentums oder der katholischen Kirche fällt natürlich nicht unter die Meldepflicht – auch nicht die unzähligen aktenkundigen Vorfälle, die der Attentäter von Magdeburg Taleb al-Abdulmohsen in mindestens sechs Bundesländern über Jahre produziert hat. Seine mörderischen Absichten hat er nicht verborgen, doch niemand fühlte sich wirklich zuständig, sie weiterzumelden und an zentraler Stelle zu bündeln, um den Mann rechtzeitig aus dem Verkehr zu ziehen.

Anders bei der Meldestelle gegen »antimuslimischen Rassismus«, den es als Tatbestand schon deshalb nicht geben kann, weil der Islam keine Rasse ist, sondern eine Religion. Aber das schert die wackeren Kämpfer gegen Rassismus nicht, die in der nordrhein-westfälischen Landesregierung in ihren Amtssesseln sitzen und sich immer neue Ideen für die Vervollkommnung unseres Lebens ausdenken.

Denn hier geht es ums Prinzip. Und das heißt: Vertrauen ist gut, Kontrolle ist besser. Das Denken braucht, anders als es die Philosophin Hannah Arendt mit ihrem programmatischen Buchtitel *Denken ohne Geländer* ausgedrückt hat, einen festen Handlauf und jede Menge Schranken, damit es nicht ausufert und sich selbstständig macht, Irrtümer und Fehlverhalten eingeschlossen.

Die Freiheit des Denkens, die zentrale Errungenschaft der europäischen Aufklärung, hat jetzt da ihre Grenze, wo Herr Professor Kemal Bozay »Stopp!« sagt.

Das Schöne aber ist, dass wirklich freie Bürger sich einen feuchten Kehricht darum scheren werden. Den Rest regeln die Gesetze.

A BISSEL SCHARIA DARF SCHO SEI

Über die Jugend wird ja gerade von uns Älteren oft zu negativ geurteilt, wobei man weiß, dass schon die alten Römer über den Verfall der Sitten und Gebräuche bei den jungen Sandalenträgern rund ums Kolosseum klagten. Dennoch gibt es immer wieder Momente, in denen man sich bestätigt fühlt. Nach der teils blutigen Silvesternacht 2024/25 schrieb Jette Nietzard, 26 Jahre alte Sprecherin der Grünen Jugend, bei X: »Männer, die ihre Hand beim Böllern verlieren, können zumindest keine Frauen mehr schlagen.«

Wir verstehen die Botschaft: Alle Männer sind Schlägertypen. Was sonst. Noch am Tag darauf schob sie eine soziologische Erklärung nach: »Männer, die Silvester die größten Raketen, die lautesten Raketen zünden müssen«, seien auch »die, die ihre Männlichkeit zu Hause durch Gewalt unter Beweis stellen müssen«. Woher sie das weiß, erfahren wir nicht, aber die Logik ähnelt doch stark der Scharia, die als Strafe schon mal die Amputation einer Hand vorsieht. Wie sagten einst unsere Eltern: »Wer nicht hören will, muss fühlen.«

Als jedoch auch grüne Parteifreunde entsetzt auf diesen Post reagierten und womöglich in dringenden Telefonaten mit der jungen grünen Spitzenpolitikerin auf den Bundestagswahlkampf verwiesen, in dem derartige Äußerungen eher kontraproduktiv wirken, löschte sie den Tweet. Doch offenbar liebt sie es, alles, was ihr so in den Sinn kommt, durch die Birne rauscht und unbedingt mitteilenswert erscheint, in die Weltöffentlichkeit der Social Media zu blasen – womit sie ja keineswegs alleine ist, siehe Elon Musk.

»Wir werden diese Partei jetzt erneuern«, versprach die Vorsitzende Jette Nietzard auch nach der verlorenen Bundestagswahl unverdrossen. Sie warf der grünen Parteispitze eine falsche Wahlkampfstrategie vor. »Die Linken wurden gewählt für Dinge, die die Grünen genauso im Wahlprogramm stehen haben«, betonte sie, ohne sogleich einen Wechsel zur Linkspartei anzukündigen.

Kulturell ist sie ja schon längst im antifaschistischen Heidi-Reichinnek-Universum angekommen. Der Beweis liegt seit Monaten vor. In einem TikTok-Video bewegte sie sich im knappen Lederröckchen zu dem Lied »Siamo tutti Antifa« – wir alle sind Antifa – und blendete die Zeile »Keine Liebe für einen Staat, der den NSU deckt und Oury Jalloh in seiner Zelle anzündet« ein. Damit unterstellte sie der Bundesrepublik Deutschland, sie stehe hinter den zehn Nazimorden der Rechtsterroristen aus Jena und sei auch schuldhaft verantwortlich für den »Mord« an dem vor zwanzig Jahren im Gefängnis gestorbenen Asylbewerber aus Sierra Leone. So abenteuerlich die Behauptungen, die tief blicken lassen, was die politische Einstellung der jungen Grünen-Chefin betrifft, so seltsam ist, dass solche Äußerungen einfach so durchrutschen im täglichen Medienrauschen.

So blieb auch ihre eitle Meldung am 18. Januar 2022 via Twitter von den meisten Zeitgenossen unbeachtet: »Möchte kurz angeben, habe gerade meine Bachelorarbeit mit ’ner 1.0 bestanden. Bin jetzt valide Expertin für kapitalismuskritische frühkindliche Bildung, falls ihr sowas mal braucht.«

Na klar. Wie sehr das die Welt braucht, sieht man am täglichen Elend auf diesem Planeten! Ob die Kleinen in der Kita schon erste Einführungskurse zum Sozialismus belegen können, war leider nicht herauszufinden. Aber mit der validen Expertise von Jette Nietzard wird das alles schon »sein’ sozialistischen Gang« (Wolf Biermann) gehen.

Merkwürdig nur, dass die gleichen Grünen, die kein Mitleid kennen, wenn Körperteile anderer Menschen zerfetzt werden, äußerst empfindlich reagieren, wenn man sie selbst auch nur mit ein wenig unschönen Worten belegt. So hatte Außenministerin Annalena Baerbock im Jahr 2023 Strafantrag gegen eine Kinderpflegerin aus Bayern gestellt, die sie auf X als »Hohlbratze« bezeichnet hatte. Ihr drohten 6000 Euro Strafe. Nachdem sie in zweiter Instanz freigesprochen wurde, legte die Staatsanwältin Revision ein. Das Landgericht stellte schließlich das Verfahren ein. Die Kosten übernahm die Staatskasse. Insgesamt hat Baerbock an die 600 Strafanzeigen wegen Beleidigung und ähnlichen Delikten gestellt.

Für sie hätte man glatt eine eigene Meldestelle Majestätsbeleidigung einrichten können. Die Chefin der Grünen Jugend allerdings kann diesen Status der Unberührbarkeit noch nicht für sich beanspruchen.

Doch alles zu seiner Zeit.

KAPITEL 3

Quo vadis Germanistan – wohin treibt die Republik?

WO IST DER OPTIMISMUS GEBLIEBEN?

Die Chuzpe der ehemaligen Ampel-Parteien vor der Neuwahl des Bundestages, besonders bei SPD und Grünen, war schon atemberaubend: erst das Land in die Grütze fahren und dann jede Menge Rettungsideen präsentieren, die meist auch noch in die falsche Richtung weisen. Motto: noch mehr Geld auf die Problemzonen werfen, die durch eine dysfunktionale, überbürokratisierte und dirigistische Subventions- und Steuerpolitik überhaupt erst entstanden sind.

Schon ein flüchtiger Blick in die Wahlprogramme bereitete schlechte Laune. Eben noch wurden wichtige Vorhaben in den Sand gesetzt, doch im Handumdrehen gingen die Funktionärskader wieder daran, das politische Poesiealbum mit Kalendersprüchen zu füllen.

Wenn es wenigstens aufregende Märchen wären, die dem Publikum aufgetischt wurden, doch es war wie stets recyceltes, gestanztes Parteiprogrammdeutsch, in dem das politische Totholz in der trüben Brühe schaler Versprechungen schwimmt, geistiges Altpapier, in dem ständig von Modernisierung und Zukunft die Rede, aber nichts vom echten Leben anno 2025 zu sehen und zu hören war, weder von seinen Problemen und Konflikten noch von seinen schönen, glücklichen und befreiten Momenten.

Doch diese Politprosa ist ein Spiegel unserer Zeit, die letztlich an einem Überdruss leidet, der im gewohnten Überfluss allerdings als Mangel empfunden wird. Der ist – bei allen handfesten Problemen – weniger ökonomischer als psychologischer Natur. Es geht um Verlustängste, depressive Verstimmungen, Perspektivenlosigkeit, gefühlte Stagnation. Die Zukunft scheint wie vernagelt, der Horizont ist unsichtbar. Statt Aufstiegshoffnungen herrschen Abstiegsängste und das diffuse Gefühl, ab jetzt werde es eher schlechter als besser.

Es ist ein Auf-der-Stelle-Treten auf dem Hochplateau des Immergleichen, von dem aus keine neuen Gipfel mehr zu sehen sind, keine großen Herausforderungen mehr mit Aussicht auf Belohnung, keine erstrebenswerten Ziele. Stattdessen ein trüber Nebel, der alles einzuhüllen scheint. Kein Optimismus nirgends, keine Aufbruchstimmung weit und breit. Die alte provokative Punker-Parole »No Future!« ist zum Mainstream geworden.

Das war einmal anders. Doch wer erinnert sich heute schon daran?

Wenn jetzt davon die Rede ist, Deutschland befinde sich »am Abgrund«, kurz vor dem »Zusammenbruch«, praktisch »am Ende« und könne nur noch von der AfD »gerettet« werden, wie der amerikanische Raketenmann und Trump-Buddy Elon Musk meinte, dann lohnt ein kurzer Blick zurück in den Mai 1945, der die Befreiung vom Naziregime und einen großen Neuanfang markiert, zugleich aber eine dunkle Erbschaft hinterließ, die bis heute nachwirkt. Die Befreiung des Vernichtungslagers Auschwitz-Birkenau ist gerade einmal 80 Jahre her.

Desaster, Katastrophe, Fiasko, Inferno, Debakel, Ruin – kein Begriff allein kann diesen Untergang auch nur annähernd angemessen umschreiben, der zugleich politisch und moralisch war, militärisch, ökonomisch wie gesellschaftlich und fast jeden einzelnen Überlebenden ganz unmittelbar betraf. Absolut nichts war mehr sicher außer der ungeheuren Zahl an Kriegstoten und Ermordeten, Verletzten, Verstümmelten und fürs Leben Traumatisierten in ganz Europa, außer den zerstörten Städten und verwüsteten Landschaften, außer Hunger und Obdachlosigkeit, Angst und Desorientierung. Unzählige Filme, Bücher und Zeitzeugenberichte haben all das zu schildern versucht.

Gemeinsam ist ihnen, dass sie Zustände beschreiben, die eine Art Ground Zero bedeuten: Tiefer kann es kaum gehen, noch schlimmer konnte es kaum werden. Deutschland war am Ende, von den Alliierten besetzt und beherrscht, ohne eigene staatliche Souveränität und in den Augen vieler Zeitgenossen ohne jede Perspektive auf die Zukunft. Der berüchtigte »Morgenthauplan« des amerikanischen Finanzministers sah für die einstige Kulturnation Deutschland nur noch eine Existenz als eine Art Agrarstaat voraus, eine landwirtschaftliche Großfläche, auf der Weizen und Zuckerrüben gedeihen sollten, aber nie wieder ein Reich unter Waffen.

Zwar wurde der Plan schnell einkassiert und niemals Realität, aber allein die Tatsache, dass vor dem zerstörten Brandenburger Tor in Berlin Pferdekadaver ausgeweidet wurden, um dem schlimmsten Hunger zu entgehen, veranschaulichte die dramatische Situation, in der sich Deutschland damals befand. Tiefer ging es nicht mehr.

Von dort aus konnte es eigentlich nur noch aufwärtsgehen, auch wenn Verzweiflung und Aussichtslosigkeit groß waren. Man lebte von der Hand in den Mund. Vielleicht offenbart die Banalität dieser Wahrheit den Erfolg des langsamen, dann immer schnelleren Wiederaufstiegs – bis hin zum legendären »Wirtschaftswunder« der Fünfziger- und Sechzigerjahre. So groß die Skepsis, ja die Ablehnung gegenüber jedweder politischen Ideologie war, so unabweisbar war die Notwendigkeit, ein gewisses Maß an Optimismus zu bewahren, der dem Fatalismus durchaus wesensverwandt ist. Eine schwarze Dialektik: per aspera ad astra. Augen zu und durch. Hauptsache, es ging irgendwie weiter, nach vorne. Dazu kam: Den Blick zurück vermieden die meisten sowieso, teils bis zur Verleugnung dessen, was geschehen war.

Autobiografischen Erzählungen aus dieser Zeit kann man staunend entnehmen, wie leicht es für die nach dem Krieg übrig gebliebenen jungen Männer war – meist ehemalige Soldaten der Wehrmacht –, einen Job zu finden, eine »Stelle« anzunehmen, wie das damals hieß. Man ging irgendwo hin und fragte, ob jemand gebraucht werde. Nie wieder war es so einfach, schon in jungen Jahren eine Berufskarriere zu beginnen, deren Verlauf man nicht einmal ahnen konnte.

Oft genug genügte ein Handschlag, nachdem durch ein paar Fragen geklärt war, ob der Bewerber – oder die Bewerberin – etwas taugte. In gewisser Weise waren in diesen frühen Nachkriegsjahren alle so etwas wie »Quereinsteiger«, Menschen, die in dem Chaos und der Unsicherheit den ersten einigermaßen naheliegenden Schritt nach vorne wagten, weil sich ihnen sonst auch nicht viele Alternativen boten. »Bürgergeld« gab es noch nicht, weder soziale »Eingliederungshilfen« noch Familiengeld, weder Grundsicherung noch Kinderzuschlag oder den Anspruch auf ein kostenloses Mittagessen in der Schule.

Auch Klaus Harpprecht, Fernsehreporter in aller Welt, Schriftsteller und Redenschreiber von Bundeskanzler Willy Brandt, musste als 18-jähriger Kriegsveteran, der zuletzt in der obskuren »Kampfbrigade Dirlewanger« gelandet war, mit der er auch nach einer Schussverletzung in amerikanische Gefangenschaft geriet, erst einmal schauen, wie es weitergehen sollte. Im Jahr 1947 erfuhr der gebürtige Schwabe zufällig, dass in Schorndorf im Remstal ein neuer Verlag aufmachen werde.

Schnurstracks setzte er sich in die Eisenbahn, fuhr hin und traf auf ein »kräftiges, blondes Mannsbild« mit »zackigem Ton am Leibe« – ein Ex-Offizier der Wehrmacht, der ihn ohne lange Diskussion für 200 Reichsmark engagierte. »Rasch fand ich eine Unterkunft bei zwei betagten Pfarrerswitwen.« Besuch nach 22 Uhr konnte allerdings »nicht geduldet werden, zumal nicht von Damen«. Das war der Preis der neuen Freiheit, die ihn am Ende ins Palais Schaumburg nach Bonn führte, in den nächsten Umkreis der Macht von Bundeskanzler Willy Brandt.

Nein, 1945 war nicht die berühmte »Stunde Null«. »Das Leben ging weiter (für die, die lebten): chaotisch, anarchisch, paradox, voller Widersprüche«, wie Harpprecht sich in seiner Autobiografie *Schräges Licht* erinnert. Trotz des kompletten Zusammenbruchs beinah aller vertrauten Strukturen gab es viele Kontinuitäten – nicht nur jede Menge alte Nazis und Kriegsverbrecher, die flohen, untertauchten und teils noch viele Jahre beispielsweise als Juristen oder als Ärzte arbeiteten, eine Tätigkeit, die sie oft schon in NS-Konzentrationslagern bei medizinischen Experimenten mit jüdischen Gefangenen akribisch ausgeübt hatten.

Dennoch markierte die Stunde Null eine Benchmark, die man 80 Jahre später fast ungläubig betrachtet. Eben noch Trümmerlandschaften und moralischer Totalbankrott, Restdeutschland als Paria der Weltpolitik – heute Insulinspritzen für Katzen aus der Shop-Apotheke, All-inclusive-Urlaub auf den Malediven und die entscheidende Frage, ob mit Enzymen angereicherte Hafer- oder schonend geröstete, »vor allem durch Regen bewässerte« zuckerarme Mandelmilch die gesündere Zutat zum Kaffee ist, nachdem sich Kuhmilch, einst unter der Bezeichnung »Milch« bekannt, für viele weltoffene, aber laktoseintolerante Deutsche als geradezu toxische Gefährdung ihrer Gesundheit erwiesen hat.

Wer wissen will, warum im Germanistan unserer Tage so wenig Zuversicht, gar Optimismus oder auch nur ein bisschen Aufbruchstimmung zu spüren ist, sollte sich das Niveau vergegenwärtigen, von dem aus heute geklagt wird – ob über die Bahn, den Butterpreis oder die letzte Bundesregierung, die nun Geschichte ist. Vielleicht ist es ja so, dass wir das andere Ende der Benchmark von 1945 erreicht haben – die Oberkante dessen, was im besten Fall an Freiheit und Wohlstand, Frieden und Gerechtigkeit zu erwarten ist, wenn man politische und religiöse Utopien beiseitelässt.

Dass es jetzt an vielen Ecken und Enden bröckelt, Kriege näher rücken, Ängste wachsen und Wohlstand stückweise verloren geht, könnte ja nicht nur an politischen Versäumnissen und geopolitischen Verschiebungen liegen, sondern auch an einer Psychologie des Fortschrittsglaubens, der seinen Grenznutzen erreicht hat. Aber wohin soll es unter diesen Umständen in Zukunft dann noch gehen?

Die letzte verbliebene »Utopie«, so scheint es, ist eine Dystopie, also das genaue Gegenteil einer frohen Erlösung – die Erwartung des absoluten Untergangs, die jede Frage nach dem Sinn des menschlichen Lebens selbst sinnlos macht: der »Klimawandel« alias »die Klimakatastrophe«, die nur noch letzte, vorletzte und allerletzte Generationen zu kennen scheint, bevor das Leben auf unserem Planeten für immer ausgelöscht sein wird.

So wird die Verhinderung der Apokalypse zur ultimativen Zielmarke der Politik. Doch längst hat sich gezeigt, dass sich der Topos der Weltrettung in Dimensionen bewegt, die dem auch nur einigermaßen normalen Leben normaler Menschen wesensfremd sind. Niemand außer Wissenschaftlern und berufsmäßigen Propheten kann tatsächlich in Zeiträumen von 40, 50 oder 60 Jahren denken, und das im globalen Maßstab.

Dabei zeigt schon ein kurzer Rückblick in die Nachkriegsjahre, dass es in erster Linie darum geht, den einzelnen Menschen wieder die Möglichkeit zu geben, in Freiheit ihr eigenes Leben zu führen – das, was man hilfsweise Selbstverwirklichung nennen könnte: die Entfaltung der individuellen Chancen auf ein erstrebenswertes, womöglich glückliches Leben mit einer Zuversicht, die schon die Gegenwart erhellt und dabei jene Kräfte freisetzt, die das Gemeinwesen, die Republik insgesamt voranbringen.

Eigentlich müsste also die ungeheure Wegstrecke, die Deutschland vom 8. Mai 1945 bis zum 8. Mai 2025 zurückgelegt hat, große Energien freisetzen, Mut und ganz viel Optimismus, allen aktuellen Krisen zum Trotz.

Doch immer mehr Menschen in Germanistan haben nicht einmal den Hauch einer Ahnung, wie es damals in Deutschland aussah und was seitdem geschehen ist. Verwegener Gedanke: Selbstbewusstsein kommt vor allem aus Geschichtsbewusstsein. Genau hier könnte man ja mal einen neuen Anfang wagen.

Per aspera ad astra.

KAMPF DEM RECHTSRUCK!

Nun ist der Umschwung nahezu komplett: In fast allen Ländern Europas regieren Parteien der Rechten und der rechten Mitte, teils in Koalitionen mit Parteien der linken oder liberalen Mitte. Von Italien bis Finnland, von Österreich (wo man sich in eine FPÖ-Abwehrkoalition gerettet hat) bis Holland, von Frankreich bis zu den baltischen Staaten hat es in den letzten Jahren das gegeben, was im Großteil der Medien als »Rechtsruck« bezeichnet wird. Doch genauso gut und politisch präziser könnte man vom Ende einer rot-grünen Epoche reden, in der Sozialisten, Sozialdemokraten und Linksliberale weithin den Ton vorgaben. Wie Dominosteine sind die eher linksorientierten Regierungen gefallen, und jetzt reibt sich manch einer die Augen, wenn rechtspopulistische, teils rechtsextreme Parteien bis zu einem Drittel der Wählerstimmen erobern.

Gerade in den großstädtischen Latte-macchiato-Milieus, in den urbanen Reservaten, wo sich das Leben zwischen Amnesty International, der Deutschen Umwelthilfe, antirassistischen Initiativen, postkolonialen Arbeitskreisen und queeren Stadtteilgruppen abspielt und das Kreuz bei den Grünen so selbstverständlich ist wie das Zähneputzen am Abend, will man seinen Augen nicht trauen.

Der Rechtsruck ist überall und reicht »bis in die Mitte der Gesellschaft«, wie die einschlägigen Sozialwissenschaftler nicht müde werden zu betonen. Der (Post-)Faschismus marschiert wieder quer durch Europa, von Georgia Meloni bis zu Geert Wilders, und auch

Friedrich Merz steht längst unter Verdacht, sich diesem Milieu anzunähern. Publizisten wie Harald Welzer warnen unermüdlich vor einem neuen europäischen Faschismus, der – erst recht in der Ära Trump II – den Errungenschaften von Demokratie und Rechtsstaat endgültig den Garaus machen könnte.

Nur eine Frage stellen sich die einschlägigen Experten in Sachen Rechtspopulismus und Rechtsextremismus niemals: Woher kommt das denn alles, genauer: Wieso entscheiden sich die Wählerinnen und Wähler in Europa, gerade auch die Jungen, so massiv gegen die Parteien des linksgrünen Spektrums und votieren für die »Rechten«, die teils an die 30 Prozent erringen? Wo sonst soziologische Feinanalysen die Erklärung bestimmter gesellschaftlicher Entwicklungen liefern sollen, herrscht zum Thema »Rechtsruck« eine eher rustikale Abwehrstrategie vor, die mit zwei zentralen Erkenntnisbegriffen auskommt: »rechts« und »Nazi«.

In Verdacht des Sympathisantentums gerät da schon, wer etwa die von der Ampel-Regierung auf drei bis fünf Jahre verkürzten Einbürgerungsfristen für anerkannte Asylbewerber und aufenthaltsberechtigte Einwanderer mit dem Regelfall einer doppelten Staatsangehörigkeit kritisiert – wie der leitende *FAZ*-Redakteur Reinhard Müller:

»In kaum einem anderen Land wird die Staatsangehörigkeit derart entwertet. Und was in anderen Staaten aufgrund ihres Zustands auch eher kein Problem wäre, ist bei uns ein weiterer Baustein einer inhumanen, vaterlandslosen Einladungspolitik. Das zurückzudrehen wäre Fortschritt, nicht Rückschritt. In unsicheren Zeiten vermehrter Loyalitätskonflikte gilt es, das rechtliche Band zum eigenen Land zu stärken und die Verleihung der Staatsangehörigkeit als Schlusspunkt der Integration und nicht als deren möglichen Anfang anzusehen. Mit der Verachtung der eigenen Nation zieht man ohnehin keine ›tollen Leute‹ an.«

Allein die Verwendung der Worte »vaterlandslos« und »Nation« ist verräterisch und beglaubigt den sozialwissenschaftlich notifizierten »Rechtsruck« in der Mitte der Gesellschaft. Deshalb muss man sich mit der vorgebrachten Argumentation auch gar nicht auseinandersetzen, denn sie würde ja nur den »rechten Diskurs stärken«.

Auch den berühmten »Faktencheck«, der sonst gerne gegen die »Rechten« ins Feld geführt wird, braucht man hier nicht. Er würde ja auch nur ergeben, dass nicht wenige deutsche Staatsbürger mit Migrationshintergrund im arabischen-türkischen Clanmilieu erfolgreiche Geschäftsleute auf den Gebieten Drogenhandel, Einbruchdiebstahl, räuberische Erpressung und bandenmäßiger Sozialleistungsbetrug sind, bekennende Antisemiten, zuweilen Anhänger eines islamistischen Kalifats und fanatische Verächter des Landes, das sie vor Jahren mit bestem Willen und guten Wünschen nach dem gemeinsamen Absingen des Deutschlandlieds eingebürgert hat.

Das Bundeskriminalamt definiert kriminelle Clans offiziell und sturztrocken als »ethnisch abgeschottete Subkulturen«, die in der Regel patriarchalisch und hierarchisch organisiert seien und einer »eigenen Werteordnung« folgen. Für das Landeskriminalamt Berlin sind die Clans in weiten Teilen durch eine »arabischstämmige Community«, eine Art »Parallelgesellschaft geprägt«, die von einer mangelnden Akzeptanz oder gar der Ablehnung des in Deutschland vorherrschenden Werte- und Normensystems durchzogen ist. Auch eingewanderte (sic!) Tschetschenen teilten Charakteristiken arabischer Clans, die die Gesetze des Landes nicht anerkennen, sondern islamische Gesetze als maßgeblich betrachten und eine Paralleljustiz etablieren, die mit unserem Rechtsstaat nichts zu tun hat.

Vielleicht ist dies die einmalige Gelegenheit für den Autor, ein Bekenntnis abzulegen. In seinen jungen Jahren – es handelte sich um die Achtziger des vergangenen Jahrhunderts – war er tatsächlich davon überzeugt, dass in der sich anbahnenden multikulturellen Gesellschaft eine Art Melting Pot entstehen würde, ein gesellschaftspolitisches Ratatouille aus den unterschiedlichsten Zutaten aus aller Welt, das sich unter Zugabe von kalt gepresstem Olivenöl, Knoblauch, Pfeffer und anderen Gewürzen bei mäßiger Hitze und unter ständigem Umrühren zu einem wohlgefälligen, schmackhaften Ganzen entwickeln würde.

Der soziologische Gedanke hinter der Gemüse-Allegorie: Die Attraktivität der westlich-demokratischen Lebensweise ist so unwiderstehlich, dass sie selbst islamisch geprägte Macho-Männer und vollverschleierte Afghaninnen zur Einsicht in das Schöne, Gute, Wahre bringt und sie am Ende die Freiheit, das Grundgesetz und die Gesetze des Bundes und der Länder lieben lernen.

Schöne Illusion, blöder Irrtum. Dass ihm heute noch so viele Antifa-Kämpfer anhängen, führt dazu, dass ich nun auch ein »Rechter« bin. So wie Reinhard Müller von der *FAZ*.

Da machste nix dran.

HEIM INS REICH?

Man kann über den amerikanischen Präsidenten sagen, was man will, aber er bringt einen auf Ideen. Dass Donald Trump schon kurz vor seiner Amtseinführung rasch noch die baldige Übernahme von Grönland, Kanada und Panama samt Kanal angekündigt hatte, verursachte zwar weltweit Bauchschmerzen, schwere Irritationen und barsche Zurückweisungen durch den tapferen Drei-Jahre-Kanzler Olaf Scholz, der persönlich noch nie irgendeine Grenze verschoben hat. Doch geopolitisch eröffneten sich plötzlich ganz neue Sichtweisen auf die Weltpolitik, die man zumindest einmal spielerisch durchdenken kann. In Dänemark wurde als Antwort bereits eine Petition gestartet mit dem Ziel, Kalifornien zu kaufen. Wie sinnvoll das nach den verheerenden Bränden in Hollywood ist, müssen die Nordlichter selber wissen. Und wir?

Gewiss, Deutsch-Südwest, heute Namibia, ist doch etwas zu abgelegen, Ostpreußen und Schlesien sind seit längerer Zeit Teil von Polen, und das ist auch gut so. Aber was ist mit Elsass-Lothringen und Südtirol? Das Elsass war fast fünfzig Jahre Teil des wilhelminischen Kaiserreichs, bis es 1918 an Frankreich fiel, und in Südtirol spricht bis heute eine Mehrheit deutsch, was historisch auf bayerische, alemannische und andere germanische Stämme zurückgeht, die einst dort lebten. Im Mittelalter war Südtirol Teil des Stammesherzogtums Baiern, erst im Rahmen des Fränkischen Reiches, dann im Bunde des Heiligen Römischen Reiches Deutscher Nation.

Noch Jahrhunderte später hieß es in der ersten Strophe des Deutschlandliedes »Von der Maas bis an die Memel, von der Etsch bis an den Belt, Deutschland, Deutschland …« – den Rest des Reims von Hoffmann von Fallersleben schenken wir uns. Entscheidend war, dass die Etsch durch Südtirol fließt, bevor sie in die Adria mündet: ein deutscher Grenzfluss mit direktem Zugang zum Mittelmeer. Wann hat man das schon mal?

Wenn heute hochmotorisierte Postgermanen aus Norddeutschland über den Brenner ins gelobte Land einfallen, steigen sie ganz ohne den historischen Migrationshintergrund im Kopf umgehend auf die nächstgelegene Alm, plündern die Vorräte und suchen anschließend das Schloss Juval, auf dem Reinhold Messner lebt – ganz so, als wäre die Region ihr zweites Zuhause. Angela Merkel war dort häufiger mit Messner wandern als mit ihrem Ehemann, und da auch Markus Lanz in der legitimen Fernsehnachfolge des unvergessenen Luis Trenker (»Der Berg ruft«) aus Südtirol stammt, steht die Frage im Raum: Was hat eigentlich diese hochalpine Region mit Italien zu tun, zu dem es völkerrechtlich, wie Annalena Baerbock »deutlich machen« würde, trotz aller Autonomie ja tatsächlich gehört?

Mit Palermo hat Bozen jedenfalls so gut wie nichts gemeinsam. Auch wenn die meisten Einheimischen Deutsch im Südtiroler Dialekt sprechen: Mit dem Sizilianischen gibt es keinerlei sprachliche und kulturelle Verbindung. Dazu kommt: Wie in Südtirol über Sizilien, ja ganz Süditalien gesprochen wird, ist meist nicht veröffentlichungsreif.

Natürlich verfügt Südtirol, abgesehen von Dolomit, Quarzphyllit und Schinkenspeck, über keine Bodenschätze wie Grönland oder Kanada, dafür ist die Landschaft immer noch ein Traumbild für die Seele all derer, die erhabene Schönheit und ein Lebensgefühl suchen, wie es in Europa kein zweites Mal zu finden ist.

Ein Donald Trump als Bundeskanzler würde nicht zögern, einen seiner berüchtigten »Deals« zu machen, von denen stets vor allem er selbst profitiert. Notfalls würde er Georgia Meloni im Tausch das

Sauerland oder Mecklenburg-Vorpommern anbieten, dazu einen postgermanischen Korridor (»Make Germanistan great again!«) durch Österreich fordern, falls man nicht gleich reinen Tisch macht und die Ösis heim ins Reich holt wie schon einmal anno 1938. Elon Musk wäre der ideale Chef einer fusionierten AfD-FPÖ und ginge sofort daran, am Großglockner eine gigantische Abschussrampe in den Fels zu hauen, um nach dem Mars endlich auch den Jupiter zu besiedeln.

Stopp, halt! Schluss, aus! Es reicht! Was soll das? Ein Irrsinn! Fehlgeleitete Fantasien, infantiler Größenwahn.

Ja, gewiss, aber die Zeichen der Zeit weisen tatsächlich auf einen neuen, geradezu hemdsärmeligen Imperialismus, der im Gewande einer buchstäblich grenzenlosen Aggression agiert. Russlands Krieg gegen die Ukraine ist nur das spektakulärste Beispiel einer skrupellosen Machtpolitik, die sämtliche internationalen Regeln und Vereinbarungen ignoriert. Chinas Drohungen, Taiwan zu erobern, sind ebenso bitterernst zu nehmen, obwohl man denken sollte, das Riesenreich hätte andere Probleme. Doch das Schicksal von Hongkong, das seine Freiheit verlor, spricht für sich.

Ob Trumps Pläne, falls man sie denn überhaupt ernst nehmen will, unter dem Motto »Make America Great Again« auch geografisch zu verstehen sind und womöglich nach Kanada und Grönland gleich noch der Gazastreifen, Island und die Faröer-Inseln eingemeindet werden sollen, bleibt abzuwarten. In jedem Fall ist Europa, gar Deutschland, in keiner Weise darauf vorbereitet. Schon kommen erste Vorschläge aus Moskau, Europa, von dem einst die Welt erobert wurde, zwischen Trumps Great America und dem neuen Großrussland brüderlich aufzuteilen, was von ferne an die Aufteilung Polens zwischen Hitler und Stalin vom August 1939 erinnert.

Doch »Geopolitik« ist seit den Tagen des Kolonialismus im 18. und 19. Jahrhundert hierzulande nicht nur ein Unwort geworden – man will auch einfach nicht glauben, dass das, was man beobachtet, sich tatsächlich vor unser aller Augen abspielt. Man will es einfach nicht wahrhaben und stürzt sich lieber in die tausend Verordnungen des »Green Deal« zu Klima-, Arbeits- und Verbraucherschutz, baut Wärmepumpen, Windräder und Solaranlagen auf dem Dach, um der Klimakatastrophe vielleicht doch noch zu entkommen.

Dabei wird es immer wahrscheinlicher, dass vorher ganz andere Katastrophen dazwischengrätschen und die geordnete Abfolge der Untergänge durcheinanderbringen. Wer etwa hätte gedacht, dass »der Russe« wieder zum realen Feindbild wird wie im Kalten Krieg vor 60 Jahren, als Bundeskanzler Konrad Adenauer vor der roten Gefahr warnte?

Als hätte er die Situation im Jahr 2025, US-Präsident Trumps imperiale Drohungen und die Putin-freundliche AfD vor Augen gehabt, prophezeite er, damals schon nicht mehr Kanzler, in einer Rede am 16. Februar 1967 in Madrid, »dass die außenpolitische Gefahr für Deutschland, für Europa, so groß ist wie noch nie zuvor«. »Der Russe« sei sich »völlig klar« darüber, »dass ein unterdrücktes und verarmtes Europa sich Moskau anschließt«: »Ich wünsche von ganzem Herzen, dass die Vereinigten Staaten dies erkennen. Wir gehen schweren Zeiten entgegen. Jeder, der an verantwortlicher Stelle sich mit Politik beschäftigt, muss die Augen offen halten, damit die Freiheit auf der Welt bestehen bleibt.«

Geschichte wiederholt sich nicht, heißt es. Doch plötzlich scheint ein Angriff des außer Rand und Band geratenen Putin-Regimes auf die NATO wieder denkbar – so wie in den Sechzigerjahren des vorigen Jahrhunderts. Die alte Naziparole »Heim ins Reich«, mit der die Besetzung Österreichs, der Tschechoslowakei und Polens propagandistisch vorbereitet wurde, benutzt de facto heute der russische Diktator Putin, um zunächst die Ukraine und die baltischen Staaten seinem neofaschistisch-postsowjetischen Imperium einzuverleiben, dann womöglich Polen und Tschechien.

Allein dies zu notieren fällt schon deshalb schwer, weil es zu abwegig, zu absurd erscheint. Doch ein Großteil der politisch folgenreichen Naivität der Europäer rührt gerade daher, dass sie einfach nicht mehr die Vorstellungskraft besitzen, sich mit der realen Gefahr eines militärischen Angriffs auf ihre Freiheit zu konfrontieren.

Der gefeierte »Postheroismus«, die kulturell und zivilisatorisch angestrebte Abkehr von jeglichem Heldentum, von Aufrüstung, Militarismus und all den Sekundärtugenden wie Tapferkeit und Todesmut, hat dazu geführt, dass selbst ein Verteidigungsminister den Begriff »Kriegstüchtigkeit« rasch wieder aus dem Verkehr ziehen muss, bevor seine hart errungene Popularität einzubrechen droht.

Hier trifft das Modewort »toxisch«, also giftig, einmal zu. Si vis pacem para bellum – wenn du Frieden willst, bereite den Krieg vor: Diese vertrackte Dialektik erscheint vielen nur noch widersinnig, geradezu »kriegslüstern«, weil sie, wie nicht nur Sahra Wagenknecht und Alice Schwarzer glauben, die Welt seit dem Trojanischen Krieg nur immer ins Elend gestürzt habe. Wie man Hitler anders hätte besiegen sollen als durch den denkbar größten und massivsten Einsatz militärischer Gewalt, sagen sie freilich nicht. Sie haben auch keine Ahnung.

Und doch ist es Realität: Das klassische Bild von der »Wehrhaftigkeit« passt überhaupt nicht mehr in unsere hedonistische, postheroische Freizeitgesellschaft mit Tendenz zur Viertagewoche, Work-Life-Balance, Recht auf Sabbatical und dauerhaftem Homeoffice bis zur Frührente mit 63. Dagegen ist die militante Abwehrbereitschaft nach innen geradezu Pflicht, vor allem dann, wenn es gegen »rechts« geht, gegen »Nazis« und »Faschisten«, wie die Massenaufmärsche gegen vermeintliche Deportationspläne der AfD, Stichwort Potsdamer »Geheimtreffen«, vor Jahresfrist gezeigt haben. Ein Jahr später, im Februar 2025, wiederholte sich das Spektakel eines imaginierten antifaschistischen Widerstands mitten in der rot-grünen Republik.

Im juste milieu der bunten Republik wird nach wie vor jede politische Frage a priori hochmoralisch aufgeladen. Da kann es gar nicht genug Achtsamkeit, politische Korrektheit und Diskriminierungssensibilität geben. Jedes Wort wird auf die Goldwaage gelegt, und im Zweifel saust das Damoklesschwert namens »Rassismus« wahlweise »Diskriminierung« oder »Ausgrenzung« blitzschnell auf die Täter herab. Ein friedlicher, gleichwohl streitbarer Dialog über die Sache sähe anders aus, doch im Kulturkampf gilt anscheinend eher das Kriegs- als das Völkerrecht.

Gewalt ist kein Mittel der politischen Auseinandersetzung, heißt es gebetsmühlenhaft. Das Gegenteil ist der Fall, wie die letzten Jahre gezeigt haben. Und offenkundig gibt es auf internationaler Ebene eine Parallele zur Entwicklung sozialer Verwahrlosung im Inneren. Hier wie da ist ein massiver Verlust, eine regelrechte Erosion demokratisch legitimierter Autorität zu beobachten, die allgemeine Missachtung von Regeln und Werten. Vielleicht sorgt gerade der amtierende US-Präsident mit seinen kreativen Grenzüberschreitungen dafür, dass wir uns wieder bewusst machen, was wir zu verteidigen haben.

Nach Südtirol fahren wir dann wieder im Sommer. Als Touristen.

WENN DAS MAL KEINE WENDE ZUM BESSEREN IST!

Es gibt Augenblicke, in denen man dann doch mal eine Meldung der ARD-*Tagesschau* wörtlich zitieren muss, um zu beweisen: Ja, es gibt sie noch, die gute Nachricht! Genauer: Es tut sich was in Sachen Verteidigungsfähigkeit, um das Wort von der »Kriegstüchtigkeit« zu vermeiden. Hier der Originalton der Verlautbarung vom 15. Januar 2025:

»Das Bundeskabinett will einen Gesetzentwurf einbringen, der es der Bundeswehr erlaubt, verdächtige Drohnen über Deutschland abzuschießen. Die vorgesehene Änderung des Luftsicherheitsgesetzes soll den Streitkräften die Anwendung von Waffengewalt gegen unbemannte Luftfahrzeuge ermöglichen.

Laut dem Entwurf ist ein Abschuss aber nur dann vorgesehen, wenn Menschenleben oder die Sicherheit einer ›kritischen Anlage‹ bedroht sind und ein Abschuss das einzige Mittel zur Abwehr ist. Voraussetzung sei zudem, dass die für die Gefahrenabwehr zuständigen Polizeien der Länder technisch dazu nicht in der Lage sind und Unterstützung anfordern.

Die zusätzlichen Befugnisse werden den Berichten zufolge in Regierungskreisen damit begründet, dass in Deutschland immer häufiger illegale Drohnen über kritischen Infrastrukturen und militärischen Liegenschaften gesichtet würden.«

Ende der Durchsage. Wir verstehen: Bisher können wir also fast gar nichts machen, wenn russische oder chinesische Drohnen unsere Firmen, Fabriken und militärischen Anlagen ausspionieren, und das in unserem Luftraum, in unserem eigenen Land! Nur in seltenen Ausnahmefällen kann heute schon eine feindliche Drohne, etwa über einem Munitionsdepot der Bundeswehr, auf Anfrage und nach strenger Prüfung abgeschossen werden.

Wie so oft in Germanistan ist natürlich alles noch viel komplizierter. Ein schnelles Eingreifen, wie es die Bundesregierung mit ihrem Gesetzentwurf ermöglichen möchte, sei durch das Grundgesetz nicht gedeckt, so der rechtspolitische Sprecher der Unionsfraktion im Bundestag, Günter Krings. Ein Abschuss sei nur nach einem »zeitaufwendigen Beschluss der gesamten Bundesregierung« möglich. Bei einem Abschuss durch die Bundeswehr handle es sich nämlich um »Amtshilfe«, geregelt in Artikel 35 des Grundgesetzes. Dafür benötige man jeweils einen Beschluss der gesamten Bundesregierung. Die Konsequenz: Es bräuchte also eine Grundgesetzänderung. Aber die braucht eine Zweidrittelmehrheit im Bundestag.

Doch seien wir nicht beckmesserisch: Es geht voran. Wenn Putin in ein paar Jahren seine Kampfdrohnenschwärme auch zu uns schickt, sind wir vorbereitet. Im Notfall wird die Aktivierung unserer Drohnenabwehr durch die Bundesregierung im Umlaufverfahren abgestimmt. Das kann höchstens zwei, drei Tage dauern. Dann heißt es Feuer frei, solange der Vorrat reicht.

DER UNTERGANG ALS WAFFE IM KULTURKAMPF

Eines steht fest: Die bereits im zeithistorischen Nebel versunkene Ampel-Koalition war die vorläufig letzte Bundesregierung, in der das einst gefeierte »rot-grüne Projekt« aus den Neunzigerjahren des vergangenen Jahrhunderts noch einmal ideologische Spuren hinterlassen hat. Symbolisch dafür stand das neue »Selbstbestimmungsgesetz«, das es nun fast jedem Bürger erlaubt, seinen Geschlechtseintrag beliebig zu ändern. Selbst vorbestrafte Rechtsextremisten nutzen das inzwischen aus und erklären sich von heute auf morgen zur Frau oder »Transfrau« – so der Neonazi Sven Liebich, der jetzt Marla-Svenja heißt und jeden verklagen will, der ihn als Mann anspricht. Auch er hat jetzt die These der amerikanischen Superfeministin Judith Butler zu seiner Wahrheit erkoren: Die »binäre Geschlechterordnung« Mann/Frau ist nicht biologisch, also naturgegeben begründet, sondern »soziokulturell konstruiert«. Auch wenn der identitäre Groschen bei dem »Pegida«-Burschen ein bisschen spät gefallen ist: So was lässt sich der Rechtsextremist nicht zweimal sagen und strebt nun ins Frauengefängnis.

Dennoch ist die Dominanz dieses linksgrün-feministisch-woken Zeitgeists gebrochen, auch wenn er immer noch seine Zitadellen in den Universitäten und öffentlich-rechtlichen Medien besitzt, bei NGOs und im Kosmos der Gleichstellungsbeauftragten, Aktivisten-Lobbys, Diversity-Manager und Antidiskriminierungsstellen, nicht zuletzt bei großen Stiftungen und Sozialverbänden. Der

Zenit ihrer kulturellen und gesellschaftlichen Macht ist gleichwohl überschritten. Aber ist das schon der »Kipppunkt«, ab dem alles anders ist und nichts mehr wie früher? Ab jetzt nur noch »Rollback«, sozialer und kultureller Rückschritt?

Der sogenannte »Kipppunkt« erfreut sich jedenfalls seit einiger Zeit größter Beliebtheit. Ob beim Klimawandel oder in der »Brennpunkt«-Schule: Der Begriff suggeriert eine diffuse, gleichsam ausweglose Endgültigkeit. Nach dem Kipppunkt geht nichts mehr. Ende, aus, vorbei.

Für den Zeitgeist kann das freilich schon deshalb nicht gelten, weil er ein eher volatiles, flüchtiges Phänomen ist. Die Älteren erinnern sich vielleicht noch an die »geistig-moralische Wende«, die Helmut Kohl 1982 versprach, als er Bundeskanzler wurde. Endlich sollte mit dem linkslibertär-anarchistischen Ungeist von 1968 aufgeräumt werden.

Doch die allgemeine Aufregung über diese Ankündigung verpuffte so schnell wie die vermeintliche Drohung mit der befürchteten Rückkehr der Fünfzigerjahre, als Frauen kein Bankkonto ohne Einwilligung ihres Ehemanns eröffnen durften und homosexuelle Paare wegen »widernatürlicher Unzucht« strafrechtlich verfolgt werden konnten. Die geistig-moralische Wende fiel einfach aus.

Die politisch-kulturelle Wirklichkeit war durch die Punk-Bewegung, Anti-Atomkraft-Proteste und die »Neue Deutsche Welle« geprägt: »Gib Gas, ich will Spaß«, »Flieger, grüß mir die Sonne!«. Helmut Kohl wurde als unförmige »Birne« und Saumagen verzehrender pfälzischer Hinterwäldler geschmäht, während der gesellschaftliche Fortschritt weiter seine unergründlichen Bahnen zog.

Gut zehn Jahre später war »Birne« allerdings immer noch Bundeskanzler und zog eine bittere Bilanz des inzwischen wiedervereinten Landes: »Wir haben in Deutschland im Durchschnitt sechs Wochen Urlaub und zwölf Feiertage pro Jahr. Bei der wöchentlichen Arbeitszeit liegen wir gleichzeitig mit durchschnittlich 37,5 Stunden niedriger als alle unsere Konkurrenten. Wir können die Zukunft nicht dadurch sichern, dass wir unser Land als kollektiven Freizeitpark organisieren.« Skandal, zynisch, unverschämt!

Natürlich gab es einen riesigen Aufschrei, aber mal ehrlich: Wie vertraut das klingt! Als käme der Satz von Friedrich Merz anno 2025. Dabei ist der »Freizeitpark« in den letzten Jahrzehnten ja noch munter weitergewachsen. Die Sozialleistungsquote stieg von 27 Prozent des Bruttosozialprodukts auf deutlich über 30 Prozent, in absoluten Zahlen auf gut 1,2 Billionen Euro pro Jahr, und die Staatsverschuldung nahm noch rasanter Fahrt auf: von rund 600 Milliarden auf 2,5 Billionen Euro, eine glatte Vervierfachung in drei Jahrzehnten. Die Sozialabgaben für Arbeitnehmer haben derweil die 40-Prozent-Marke überschritten, Tendenz 45 Prozent.

Was die Veränderung des wankelmütigen Zeitgeists, den Wandel der gesellschaftlichen Stimmung betrifft, so gibt es einen ziemlich aussagekräftigen Indikator: die Intellektuellen oder solche, die sich dafür halten, Schriftsteller, Wissenschaftler, Künstler, die üblichen Verdächtigen des »kritischen Diskurses«.

In dieser Klientel scheint es, zumindest subjektiv, derzeit tatsächlich eine Art Kipppunkt-Feeling zu geben. Harald Welzer, medial umtriebiger Autor und Soziologe (*ZeitenEnde,* 2024), spürt es ganz genau und verbreitet nicht nur in seiner wöchentlichen Kolumne beim öffentlich-rechtlichen rbb-Radio 1 Untergangsstimmung vom Feinsten.

Merz, Trump, Meloni, Kickl, Le Pen, Wilders – für ihn ist das praktisch ein einziges Grauen des reaktionär-protofaschistischen Rollback all dessen, was progressive Kräfte wie er in den letzten Jahren an Fortschritt auf die Beine gestellt haben. Die unzähligen Windräder in deutschen Mittelgebirgen, bald auch im legendären, eigentlich geschützten »Märchenwald« in Nordhessen, künden davon ebenso wie die vielfältigen Eingriffe des Staates in das Wirtschafts- und Privatleben, um die Welt jeden Tag ein bisschen besser zu machen und die Menschen auf den klimaneutralen Pfad der Tugend zu führen.

Am schlimmsten aber: Unter dem neoliberalen Regime des Privatfliegers und Windradgegners Merz wird die Klimaapokalypse ungebremst über uns hereinbrechen. Die Frage, ob vorher schon ein neuer Faschismus Europa in seinen Klauen haben wird, lässt er unausgesprochen offen. Und hier wie da: die Machtübernahme der Superreichen und Multimilliardäre.

So weit klar: Das utopische Denken, das früher die Linke ausgezeichnet hatte, ist weitgehend in die Dystopie umgekippt, ins Negativbild einer Zukunft, die lediglich als ein Unheil verstanden werden kann, das man im allerbesten Fall noch ganz knapp verhindern könnte. »Wir leben im Dauerzustand der Katastrophe, und wenn wir uns auch vor der dunklen Wolke fürchten, die über uns hängt, so ist die Furcht doch auch mit einem heimlichen Vergnügen vermischt. Die Weltuntergangsstimmung durch scharfsinnige Analysen ins allgemeine Bewusstsein zu heben und sie gleichzeitig doch auch zu genießen, gehört zu den Lieblingsbeschäftigungen des Menschen von heute.«

Diese treffende Kurzdiagnose des Zeitgeists stammt von jemandem, der Luisa Neubauer, die »Letzte Generation«, Harald Welzer und seine intellektuellen Freunde gar nicht kannte – von Friedrich Sieburg, Jahrgang 1893. In seinem Buch *Die Lust am Untergang. Selbstgespräche auf Bundesebene,* das zuerst im Jahr 1954 erschien, seziert er das urdeutsche Symptom der Angstlust, angesiedelt irgendwo zwischen Endzeitprophetie und Masochismus.

Untergangsseligkeit, Wichtigtuerei und arrogantes Rechthabertum sind also nichts Neues in Deutschland. Neu ist, dass jetzt auch der Untergang des medial dominanten linksgrünen Milieus und seiner politischen Definitionsmacht bevorzustehen scheint.

Man wird sehen, wie vehement sich die mit Hunderten Millionen Euro aus dem Staatshaushalt finanzierten linken Lobbygruppen gegen jeden Versuch wehren werden, die drängenden Probleme mit mehr Realismus und mehr Marktwirtschaft anzugehen. Eine Art »Kulturkampf« ist durchaus vorstellbar, der nicht zuletzt in den

Medien ausgetragen wird. An vorderster Front könnten »Experten« und Wissenschaftler stehen, die den anstehenden Politikwechsel als zivilisatorischen Rückfall beschreiben, ohne selbst brauchbare Alternativen anzubieten. Ideologische Abwehr statt intellektueller Einsicht. Spuren verwischen, Verwirrung stiften und das Gefühl erzeugen, zu den Auserwählten zu gehören, die letzten, die den Durchblick haben.

Dem Münchner Soziologieprofessor Armin Nassehi, den Grünen gewogen und auf vielen medialen Kanälen präsent, gelingt diese Strategie mithilfe einer ausgezehrten, eigentlich recht verdorrten akademischen Sprache, die selbst geübten Lesern ein Höchstmaß an hermeneutischer Entschleierungskunst abverlangt. Die Frage, was der Mann uns eigentlich sagen will, bleibt bis zum Schluss eines langen Gastbeitrags für die *FAZ* offen. Womöglich weiß er es selber nicht.

In dem Artikel nahm er sich vor allem das Migrationsthema vor – dies aber nicht etwa auf der Ebene realer Probleme und Konflikte, sondern auf der zweiten und dritten Meta-Ebene des Umgangs mit ihm. Das Thema sei »deshalb so geeignet, weil es wie kein anderes symbolisieren kann, was sich an der Gesellschaft verändert hat«. Was genau, sagt er nicht. Immerhin: »Man kann es gewissermaßen sehen – und selbst wenn man von den entsprechenden akademischen Diskursen in den Kultur- und Sozialwissenschaften lernt, dass diese Sichtbarkeit durch Praktiken und Redeweisen hergestellt werden muss und damit erst erzeugt wird, so gehört zur Wahrheit auch, dass diese erzeugte Sichtbarkeit eben Sichtbarkeit erzeugt.«

Sichtbarkeit erzeugt Sichtbarkeit – eine schöne Tautologie. Aber es geht noch weiter: »Und je sichtbarer ein Problem ist, desto plausibler liegt die vermeintliche Lösung auf der Hand, hier: weniger Migration, mehr Abschiebung und so weiter.« Doch warum liegt das auf der Hand, und wer soll warum wo und wie abgeschoben werden? Wer sagt das, mit welchen Gründen? Und wie sehen die entsprechenden Zahlen überhaupt aus?

Man ahnt nur ganz diffus, dass sichtbare Probleme, etwa bei der Migration, zu sichtbaren Problemen führen, die wahrscheinlich irgendwie rechtspopulistisch instrumentalisiert werden könnten. Aber warum pure Sichtbarkeit die Plausibilität von Problemlösungen fördert, versteht man nicht. Es gibt jede Menge offensichtlicher Probleme in der Welt, in deren Angesicht jede vernünftige Lösung schier unmöglich scheint, Beispiel Nahostkonflikt, Beispiel Ukrainekrieg.

Die Schlusspassage lässt den aufmerksamen Leser dann komplett ratlos zurück: »Für Antworten mit dem Potenzial, die Dinge tatsächlich produktiv zu stören, nachhaltig durcheinanderzubringen, können einem viele Gründe einfallen, gute Argumente, auch solche, die sich dann vielleicht besseren stellen müssen und am Ende zu vorläufigen Lösungen kommen, die den Mangel haben, dass sie nicht das versprechen können, was sehr viele Leute anscheinend gerade zu wollen meinen: ihre Ruhe und eine Normalität, die sie niemals finden werden.«

Am Ende dieses Textes sehnt man sich geradezu nach Normalität in jeder Hinsicht, einer Normalität, die jeder Mensch, jeder Bürger dieses Landes für sich selbst recht genau beschreiben könnte. Woher weiß Nassehi, dass »Ruhe« und »Normalität« niemals zu finden sein werden? Welchen dauerhaften Ausnahmezustand (doch nicht den des rechten Staatsrechtlers und Philosophen Carl Schmitt: »Souverän ist, wer über den Ausnahmezustand entscheidet« …?!) er unterstellt, erschließt sich nicht.

Sollen die Menschen also in keinen für sie erträglichen, gar angenehmen ruhigen und normalen Verhältnissen leben?

Wie man es dreht und wendet: Der Text ist ein Dokument der geistigen Selbstverwirrung des grün gefärbten linksliberalen Milieus, das seine politischen Rückzugsgefechte entweder mit Weltuntergangsfantasien drapiert oder, freilich unbewusst und ungewollt, mit intellektuellen Kapitulationserklärungen.

Wenn das kein Kipppunkt ist! Es könnte allerdings einer sein, der anderen Mut zur Veränderung macht.

WAS IST EIGENTLICH ÜBERHAUPT NOCH DEUTSCH?

Es gibt mindestens drei Meldungen in den Fernsehnachrichten, auf die man sich im Jahresverlauf verlassen kann wie auf das Amen in der Kirche und die Kamelle am Rosenmontag. Da ist zuallererst die ausführliche Berichterstattung über die alljährlichen Ostermärsche, auch wenn sie inzwischen nur noch von ein paar Hundert, überwiegend grauhaarigen Überlebenden der einst mächtigen Friedensbewegung bevölkert werden, die Amerika und die NATO hassen und viel Verständnis für Putin haben. Egal: *Tagesschau*, *heute* und *RTL aktuell* berichten unverdrossen und jenseits jeglichen Nachrichtenwerts mit den immer gleichen, vorgestanzten Worten.

Nachrichten-Ritual Numero 2: der Armutsbericht des Paritätischen Wohlfahrtsverbandes, wahlweise der Jahresbericht von »Oxfam« oder eine der unzähligen Studien der Bertelsmann-Stiftung. Immer und immer, jahrein, jahraus und absolut verlässlich kommt dasselbe heraus: Die Reichen werden immer reicher, und die Armen werden immer ärmer. Eigentlich müsste Deutschland schon längst einen Dritte Welt-Status haben.

Ein Klassiker ist die stets griffbereite Metapher: Die »Schere« zwischen Arm und Reich geht immer weiter auseinander. Bemerkenswerterweise geht sie auch dann immer weiter auseinander, wenn die Konjunktur gut läuft, Löhne und Gehälter steigen. Im umgekehrten Fall erst recht. Inzwischen müsste die Schere komplett unbenutzbar geworden sein, denn irgendwann geht auch die beste Schere aus Solingen kaputt, wenn sie zu sehr gespreizt wird.

Die dritte Meldung aus der Serie »Und täglich grüßt das Murmeltier« hat ebensolchen Kult-Charakter: das »Unwort des Jahres«. Eine kleine selbst ernannte Sprach-Jury jenseits jeder offiziellen Legitimation verkündet es zu Anfang jeden Jahres, als ginge es um eine neue päpstliche Enzyklika zur unbefleckten Empfängnis der Mutter Maria. Ein Wunder ist es gleichwohl: Die Medien, allen voran das Flaggschiff der öffentlich-rechtlichen Fernsehnachrichten, machen daraus eine Fanfare wie bei der Bekanntgabe des Kölner »Dreigestirns« zu Beginn der Karnevalssaison.

Nach der Verkündigung bleibt offen, ob man bei der weiteren Benutzung des jeweiligen »Unworts« mit Sanktionen, der Anzeige bei der »Meldestelle Antifeminismus« oder gar einer handfesten Strafe rechnen muss. Sicher ist, dass die gebrandmarkten Begriffe stets »rechts« oder »rechtspopulistisch« lokalisiert, neudeutsch: »gelesen« werden. In den vergangenen Jahren waren das unter anderem »Heizungsverbot«, »importierter Antisemitismus«, »Remigration«, »Klima-Hysterie«, »Pushback«, »Sprachpolizei« und »Corona-Diktatur«. Beschimpfungen weißer Einheimischer als »Kartoffeln«, »Schweinefresser« oder »Christen sind Hurensöhne« kommen natürlich nicht in die engere Auswahl – ebenso wenig wie »Das Kalifat ist die Lösung!« oder »Allahu Akbar!« wahlweise »Mach isch Disch Messer!«.

Stattdessen wurde 2025 »biodeutsch« zum »Unwort des Jahres« erklärt, was einige Fragen aufwirft. Die erste betrifft direkt die – wenn schon nicht wissenschaftliche, dann wenigstens intellektuelle – Kompetenz dieses obskuren Gremiums. Jeder mit ein bisschen Verstand im Kopf weiß, dass »biodeutsch« seit Jahren stets mit gedachten Anführungszeichen und mit einer ironischen Konnotation verwendet wurde – die Anspielung auf Bioeier regionaler Herkunft war offensichtlich und sollte letztlich nichts weiter sein als ein Hilfsbegriff zur Umschreibung der Tatsache, dass die so bezeichnete Person, nennen wir sie Jürgen oder Petra, in vierter, fünfter oder sechster Generation aus der Rhön stammt und eben nicht aus dem Atlas-Gebirge oder dem Hindukusch. Fulda statt Aleppo, Offenbach statt Casablanca. So waltet nun einmal das Schicksal auf Erden.

Dazu kommt, dass sich das Attribut »biodeutsch« gerade nicht dazu eignet, überbordenden Nationalstolz auszudrücken. Nazis pflegen »deutsch« zu sagen, wenn sie von einer »germanischen Rasse« schwadronieren. »Biodeutsch« ist ein eher defensiver, meist augenzwinkernd benutzter Begriff, um in der Einwanderungsgesellschaft überhaupt noch von jenem Teil der Bevölkerung zu sprechen, der nicht eingewandert ist, also zumindest schon seit dem 17. oder 18. Jahrhundert in Germanistan ansässig und dabei jenes »deutsche Volk« bildend, von dem im Grundgesetz die Rede ist. Und es sind natürlich diese »Biodeutschen«, die gemeint sind, wenn von der unvergänglichen Verantwortung der Deutschen für die Naziverbrechen und den Holocaust die Rede ist.

Zugewanderte Menschen aus Syrien, Afghanistan und Marokko haben damit nichts zu tun, selbst wenn sie unterdessen deutsche Staatsbürger geworden sind. Wie also soll man diesen bedeutenden und folgenreichen Unterschied benennen, wie mit ihm umgehen? Immerfort stets und überall »Vielfalt«, »Diversität« und »Zusammenhalt« zu beschwören geht an der Sache vorbei.

Die teils gewalttätigen Proteste palästinensischer und anderer arabischer Migranten, viele von ihnen gewiss Inhaber eines deutschen Passes, gegen Israel und für die Hamas haben noch einmal drastisch vor Augen geführt, welche Abgründe auch die »multikulturelle« Gesellschaft bereithält.

Dass Israels Sicherheit »deutsche Staatsräson« sei, kann diesen Demonstranten nur wie blanker Hohn erscheinen. Im Gegenteil: Sie klagen ja gerade »die Deutschen« wegen ihrer Unterstützung des angeblichen israelischen Genozids an der palästinensischen Bevölkerung im Gazastreifen an. Ein syrischer Flüchtling, der schon zehn Jahre in Deutschland lebt, warf mehrmals Steine auf das Bundesinnenministerium, das Bundeskanzleramt und ein Gebäude des Deutschen Bundestages, um dagegen zu protestieren. Erst nach der vierten Aktion nahm man ihn gnädig in Haft.

So drängt sich nicht nur in seinem Fall, sondern auch bei Hunderttausenden anderen Migranten, ob mit oder ohne deutschen Reisepass, die zentrale Frage auf: Zu welchem Deutschland besteht bei ihnen auch nur irgendeine Art von Loyalität? Was verbinden sie mit dem Land, das sie aufgenommen hat und in dem sie offenbar dauerhaft leben wollen? Was wissen sie von seiner Geschichte und seiner Kultur?

In vielen arabischen und türkischstämmigen Communitys, wo die Scharia mehr als eine theoretische Orientierungshilfe ist, wirkt das Grundgesetz jedenfalls wie ein Fremdkörper aus einer anderen Welt. »Biodeutsch« im Sinne von »Kartoffel« ist in diesem Milieu eine probate Beschimpfung – semantisch also das genaue Gegenteil dessen, was die famose Sprachjury in Wiesbaden im Sinne hatte, als sie wieder einmal den deutschen »Rassismus« anprangern wollte.

Aber das alles ist natürlich viel zu kompliziert, und so wird die *Tagesschau* auch 2026 wieder das »Unwort des Jahres« vermelden. Wir tippen auf »Grenzkontrollen«.

FRAG DOCH MAL DIE MAUS ODER WER WEISS DENN WAS?

»Unterirdisch« sei das, was 16-Jährige über Politik wüssten – wenn das, wie unlängst geschehen, ein Jugendforscher sagt, gilt Alarmstufe Rot. Um die üblichen Ressentiments gegenüber der »Jugend von heute«, die seit mindestens dreitausend Jahren kursieren, kann es sich dabei nicht handeln. Im Gegenteil: Eine gewisse Grundsympathie für Heranwachsende ist in dieser soziologischen Disziplin Voraussetzung wissenschaftlicher Arbeit. Aber es ist ja auch keine Überraschung: Die Zeitungsleser sterben in allen Altersgruppen mehr und mehr aus, und Fernsehnachrichten sind schon lange nicht mehr ein selbstverständlicher Teil des Alltags zwischen Frühstück und Sendezeichen zur guten Nacht wie anno Tobak.

Auch der *Internationale Frühschoppen,* legendärer Dinosaurier der sonntäglichen Journalistenrunde mit Zigarrenrauchschwaden und Rheinwein, der heute als schnöder *Presseclub* sein Nischendasein fristet, ist nur noch eine ferne Erinnerung. Die Talkshows sind im besten Fall ein bisschen unterhaltsamer als eine abgelesene Rede von Bundespräsident Steinmeier zu mehr »Zusammenhalt« in der Gesellschaft, die sich die jungen Leute schon gar nicht mehr »reinziehen«. Lieber verbringen sie, in diesem Fall verständlich, Stunden um Stunden in den digitalen Labyrinthen, Echokammern und Algorithmen von TikTok, Instagram & Co.

Das haben inzwischen auch die politischen Parteien mitbekommen – allen voran die AfD – und fluten nun auch diese Kommunikationskanäle mit ihren plakativen Botschaften. Eines bleibt dabei auf der Strecke: das, was früher »politische Bildung«, gerne auch »Allgemeinbildung« genannt wurde, ein Grundwissen über die politischen und zeithistorischen Verhältnisse, das überhaupt erst ein Mindestmaß an politischer Urteilsfähigkeit ermöglicht.

An deren Stelle ist weithin eine inszenierte Emotionalisierung und Pseudo-Authentizität getreten, die ausgerechnet die Grünen mit ihrem Ex-»Kanzlerkandidaten« alias »Bündniskanzler« Robert Habeck auf die Spitze getrieben haben.

Wer sich durch derartige Personalityshows dennoch nicht gänzlich überzeugen ließ, musste im vergangenen Februar zum »Wahl-O-Mat« greifen, der allerdings nur sehr schematisch die »Positionen« der Parteien miteinander vergleicht, die den wichtigsten Aussagen der Wahlprogramme zu entnehmen sind. Die sind aber meist ein Wunschkonzert des Guten, Wahren, Schönen, das Poesiealbum der Parteien, und ersetzen keinesfalls eine intensive Beschäftigung mit der täglichen politischen Auseinandersetzung – vom Ukrainekrieg bis zur Krankenhausreform und der Frage, wie sich die Europäische Union im Konflikt zwischen den USA und China positionieren soll.

Aber man muss nicht alles wissen. Es ist nur so, dass man sich zuweilen schon Gedanken darüber macht, auf welcher Grundlage die geschätzten Wählerinnen und Wähler eigentlich ihre Entscheidungen treffen und ihre Stimmen abgeben.

Es mag kein Zufall sein, dass die jeweils größte Gruppe unter den Jungwählern, zwischen 18 und 24 Jahre alt, die politischen Extreme gewählt hat: 25 Prozent die Linkspartei und 21 Prozent die AfD.

»Zwischen Angst und Algorithmen« bewegten sich die Jungen, analysierte ein junger *WELT*-Kollege. »79 Prozent der jungen Wähler beziehen ihre Informationen aus sozialen Medien. Wer dort authentisch präsent ist, gewinnt.« Der 36-jährigen Heidi Reichinnek, Spitzenkandidatin der Linken, gelang das mit ihren furiosen Auftritten offenbar am besten.

Es waren vor allem die älteren Zeitungsleser aus der Generation Schnurtelefon, die die politische Mitte gestärkt haben.

Es versteht sich von selbst, dass stets nur eine Minderheit überhaupt in der Lage und daran interessiert ist, sich anhaltend und intensiv mit der aktuellen Politik – und ihrer Vorgeschichte – auseinanderzusetzen. Das war immer so und das gilt sicher auch für die Älteren, die sich immerhin noch daran erinnern können, dass Helmut Kohl einmal der Bundeskanzler war, der die deutsche Wiedervereinigung vorantrieb, und nicht er, sondern Walter Ulbricht im August 1961 die Berliner Mauer gebaut hat, die unter seinem Nachfolger Erich Honecker, SED-Chef und Staatsratsvorsitzender der DDR, im November 1989 in sich zusammenfiel.

Der schöne Gedanke, dass allein überprüfbare Fakten und vernunftgeleitete und belastbare Argumente zählen, war immer schon ein frommer Wunsch. Doch heute kann schon ein Bild, eine Geste oder ein »falsches Wort« derart flächendeckend skandalisiert werden, dass dahinter alle Daten, Zahlen und Fakten verschwinden, die die Realität abbilden.

Die visuelle Überschwemmung in der Mediengesellschaft hat so große, ja überwältigende Ausmaße angenommen, dass sachliche Information und nüchterne Abwägung a priori ins Hintertreffen geraten. Dazu kommt der damit einhergehende Verfall des politischen Kurzzeitgedächtnisses, die immer geringere Halbwertszeit dessen, was eben noch die Republik bewegte: Wer hatte noch mal ein »grünes Wirtschaftswunder« versprochen? Wer hat Hunderte Millionen Euro Steuergelder für eine nicht gebaute Batteriefabrik in den Sand gesetzt? Wer war eigentlich für die Wirtschaftspolitik der letzten drei Rezessionsjahre verantwortlich? Wer hat jahrelang eine striktere Asylpolitik torpediert und die Probleme systematisch kleingeredet? Und wer hat auf dem Höhepunkt der Flüchtlingswelle vor bald zehn Jahren gesagt: »Wir bekommen Menschen geschenkt«, Deutschland werde »jünger, bunter, auch religiöser« (was natürlich »islamischer« hieß)? Man erinnert sich nicht mehr so richtig.

Viel stärker als Wissen und politische Reflexion beeinflussen Stimmungen und Ressentiments die Wahlentscheidung – und das in allen politischen Lagern von links bis rechts. Und wie an anderer Stelle beschrieben, liefern die öffentlich-rechtlichen Programme ihrerseits oft nur sehr lückenhafte, teils einseitig verkürzte Informationen, die in gewisser Weise ihre eigene mediale Blase bilden – gar nicht so viel anders als die unzähligen Videokanäle in den Untiefen des Internets, die auch ihre jeweils eigene Welt kreieren, die mit der nebenan schon fast nichts mehr zu tun hat.

Völlig verschwunden ist dagegen das, was es noch bis in die sogenannten »Nullerjahre« hinein gab: eine streitbare intellektuelle Öffentlichkeit, in der mehr oder weniger renommierte Schriftsteller, Künstler und Wissenschaftler sich immer wieder lautstark zu großen Fragen der Gegenwart äußerten. Legendär die unzähligen, freilich meist links orientierten Resolutionen aller Art, unterschrieben von einer Phalanx unterschiedlichster Geistesgrößen von A wie Abendroth bis Z wie Zwerenz, dazwischen Günter Grass, Walter Jens, Peter Rühmkorf, George Tabori, Peter Schneider und viele andere, in denen für Frieden und gegen Atomkraft, aber auch für humanitäre Interventionen und die dauerhafte Erinnerung an den Holocaust gestritten wurde.

Zuweilen sorgte ein einziger Schriftsteller oder Kritiker wie Marcel Reich-Ranicki, Botho Strauß oder Martin Walser für wochenlange Debatten nicht nur in den Feuilletons der Republik. Sie waren immer auch Foren einer öffentlich ausgetragenen Meinungsbildung, die im besten Falle Argumente und Gegenargumente klar hervortreten ließ und bis in die große Politik Resonanz erzeugte – scharfer Widerspruch eingeschlossen.

Doch bloß keine Nostalgie! Auch damals wurde viel Unsinn verbreitet. Aber es wurde offen gestritten, mit harten Bandagen und, ja, Auge in Auge – nicht in politisch parfümierter Korrektheit »auf Augenhöhe«, was ja doch meist eine dreiste Lüge ist. »Streitkultur« hieß das mal, doch wie immer man das Kind nennt: Ohne politische

Auseinandersetzung gibt es auch keinen demokratischen Konsens. Das zumindest hat die Nachkriegsgeschichte der Bundesrepublik eindrucksvoll bewiesen.

Der eine oder andere wird sich erinnern: Schon 1964 wurde »die deutsche Bildungskatastrophe« (Georg Picht) ausgerufen. Kurz darauf lasen Tausende Studenten die schwierigen Texte von Adorno, Horkheimer, Marcuse und Habermas und traktierten den Rest der Bevölkerung mit ihren neuesten Erkenntnissen. Obwohl es anschließend nicht zur Revolution kam, stieg das Niveau der Marx-Exegese deutlich an. Der berühmte Suhrkamp-Verlag erlebte einen historischen Höhenflug, und überbordende Bücherregale waren ein stolzer Ausweis für Bildung und Belesenheit. Daran sollte man heute anknüpfen unter dem Motto: Bürger, hört die Signale: Ran an die Regale! Lest und informiert euch!

»Adorno, Adorno, Girokonto Storno!«, reimte einst der Kabarettist Matthias Beltz. Wer das versteht, hat seinen persönlichen Bildungsauftrag schon übererfüllt.

GENDER-CHAOS IN DER DAMENUMKLEIDE

»Der Schlaf der Vernunft gebiert Ungeheuer« – mit diesen Worten betitelte der spanische Maler Francisco de Goya (1746–1828) eine seiner berühmten Radierungen aus der Reihe »Los Caprichos«. Übersetzt ins Germanische heißt das 2025: Der Wahnsinn hat Methode. Weil nur Juristen in der Lage sind, den ganzen Irrsinn des Alltags in aller Nüchternheit zu beschreiben, entnehmen wir der juristischen Fachzeitschrift *Legal Tribune online* ausnahmsweise eine längere Passage im Wortlaut.

Der Schauplatz: ein McDonald's in Berlin. Der Fall: Eine Muslima verweigert einer Kollegin den Zugang zur Damenumkleide. Die ist eine Transfrau und fühlt sich diskriminiert. Der Streit endet vor dem Arbeitsgericht ohne Urteil: ein Vergleich über 16 500 Euro.

»Kylie D. bekommt 16 500 Euro und ein gutes Arbeitszeugnis. Dafür scheidet sie zu April bei McDonald's in Berlin aus … D. kam 2017 aus Libyen nach Deutschland und arbeitet seit 2019 bei McDonald's. Anfangs bezeichnete sie sich als nichtbinär und nutzte die Frauen- oder Männer-Räume zum Umziehen. Mitte 2023 will sie ihren Vorgesetzten mitgeteilt haben, sie identifiziere sich als Frau und wolle nur noch mit dem weiblichen Namen angesprochen werden. Eine medizinische Transition ist nicht erfolgt, sie hat also weiter männliche Geschlechtsmerkmale.«

Zur Eskalation kam es dann im Dezember 2023: Eine muslimische Kollegin soll ihr den Zutritt zur Damenumkleide verwehrt haben. Dabei kam es angeblich auch zu Beleidigungen. »Mehrfach sollen ihr Kolleg:innen zudem die Weiblichkeit abgesprochen und sie mit ihrem Deadname – ihrem früheren männlichen Namen – angesprochen haben. McDonald's bestreitet diese Aussagen und behauptet, D. habe die Identifizierung als Frau nie klar kommuniziert.«

D. meldete sich nach dem Vorfall arbeitsunfähig, äußerte aber die Absicht, weiter in dem Fast-Food-Laden arbeiten zu wollen. »Mit dem Vorschlag des Unternehmens, sich in den Duschräumen umzuziehen, war sie jedoch nicht einverstanden. Dann hieß es, dass alle Mitarbeiter:innen (!) vor Betreten ihrer Umkleide anklopfen und in der Umkleide ein Paravent für zusätzlichen Sichtschutz aufgestellt werden könnte.«

Am Ende konstatierte die Richterin, dass die deutsche »Arbeitsstättenverordnung« (ArbStättV) in dieser Frage offenbar nicht klar genug geregelt sei. Also noch eine Grauzone in der multikulturellen LGBTQI++-Gesellschaft, in der die große Menschheitsutopie von Gleichheit, Brüderlichkeit und Gendergerechtigkeit noch bis zum letzten Hosenstall durchexerziert werden muss.

Es scheint sehr wahrscheinlich, dass derart komplexe, geradezu toxische Verwicklungen von Identität und biologischem Geschlecht, die ohne einen versierten Fachanwalt gar nicht mehr aufzulösen sind, in Zukunft häufiger auftreten werden. Als Folge werden psychische Erkrankungen – von schwerer Neurose über Schizophrenie bis zur Paranoia – zunehmen. Andererseits bietet diese gesellschaftliche Entwicklung deutlich verbesserte Berufsperspektiven für Psychiater und Psychotherapeuten.

Das ist ja auch schon was.

DAS SCHAUEN WIR UNS NOCH MAL GENAU AN!

Die Phrase gehört zur Politik wie der Elfmeter zum Fußball. Allgemeinplätze, wohlklingende Kalenderweisheiten und nichtssagende Sprüche gab es zu allen Zeiten – einfach deshalb, weil schmerzhafte Wahrheiten und detaillierte Bekenntnisse schwerwiegende Folgen haben können: Beziehungen und Freundschaften gehen zu Bruch, Wähler wenden sich ab, die Partei zürnt, und die Öffentlichkeit empört sich.

Schon seit Jahren sind die Fernsehzuschauer Zeugen einer virtuosen, geradezu Houdini-haften Interviewtechnik, bei der es den befragten Spitzenpolitikern beinahe mühelos gelingt, auf konkrete Fragen keinesfalls zu antworten und stattdessen darüber zu reden, was ihnen wichtig ist. Selbst mehrfache Nachfragen führen nur dazu, dass allenfalls ein Zipfel dessen sichtbar wird, was eigentlich eine sachgemäße Antwort sein könnte.

Das Geheimnis dieser Rhetorik, die im Volksmund »Herumeiern«, »Schwadronieren«, »Labern« oder »Schwurbeln« heißt, liegt in der konsequenten Wiederholung. Hier hat man von der Werbung gelernt. Wahrscheinlich gibt es niemanden in Deutschland, bei dem es im Kopf nicht klingelt, wenn er »Trigema« (der Schimpanse mit der Banane), »Seitenbacher« (»Woisch, Karle?!«) oder »Bauhaus« (»Wenn's gut werden muss«) hört. Und so hören wir tagein, tagaus, dass der Rechtsstaat mit voller Härte des Gesetzes und die Sicherheit am Hindukusch nicht gegen die Renten ausgespielt werden darf, die unser aller Zusammenhalt nach Kassenlage nicht so tun, als gäbe es einfache Lösungen, wo kommen wir da hin, Herr Müller-Lüdenscheidt?

Neben den unabdingbaren Standardvokabeln wie Vielfalt, Nachhaltigkeit und Klimaneutralität, Zivilgesellschaft, soziale Gerechtigkeit und Kampf gegen rechts haben sich in jüngerer Zeit ein paar weitere Floskeln etabliert, die Sprache als Politikersatz zelebrieren. Besonders beliebt nach Katastrophen, Unglücken aller Art und Terroranschlägen ist eine Basisformulierung, die angesichts absoluter Ratlosigkeit praktisch immer verwendbar ist: »Unsere Gedanken sind bei den Opfern und deren Angehörigen. Jetzt gilt es, schnell und unbürokratisch zu helfen.«

Anschließend müssen die Verantwortlichen beziehungsweise Schuldigen ermittelt werden. Um eine Wiederholung des schrecklichen Ereignisses zu verhindern, muss natürlich »alles auf den Prüfstand«, und zwar »schonungslos«. Ob danach »Vollzugsdefizite« beseitigt oder gar Gesetze geändert werden müssen, muss sich erst zeigen, denn »voreilige Schuldzuweisungen« verbieten sich selbstverständlich. Außerdem geht es stets auch um die unterschiedlichen Kompetenzen von Bund und Land, oft genug geht das »nur über Europa«. Sie verstehen: Brüssel. Oje.

Sehr populär sind auch die Kampfbegriffe »Spaltung« und »Instrumentalisierung«. Der erste wird gerne dann verwendet, wenn vom politischen Gegner ein Vorschlag oder eine Idee kommt, der man nicht zustimmen kann. Der Vorwurf lautet dann: Statt weiter nach dem Konsens zu suchen, spaltet die Idee die Gemeinschaft oder die Gesellschaft und gefährdet so den »Zusammenhalt« (sic!). Dieser Logik zufolge wäre auch Galileo Galilei ein »Spalter« gewesen, als er die Sonne und nicht die Erde zum Zentrum unserer Galaxie erklärte, was ihm den Bannstrahl der katholischen Inquisition, Kerkerhaft und Folterandrohung einbrachte.

Wer dagegen immer brav mit der Herde blökt und die Erde im Zweifel für eine Scheibe hält, um die der Rest des Kosmos kreist, hat nichts zu befürchten. Es sei denn, er würde eines Tages doch aktiv werden und ein schlimmes, gar einschneidendes Ereignis »instrumentalisieren«, also benutzen und zum Anlass nehmen, sich zu überlegen, welche hilfreichen Maßnahmen daraus abzuleiten wären.

Dass man über sie anschließend streiten kann, ist selbstverständlich. Besonders zu Wahlkampfzeiten aber gilt es schon als Vergehen, offensichtliche Missstände zum Zwecke ihrer Beseitigung aufzugreifen. Das ist »zynisch«, »unmoralisch« und hilft nur den »Feinden der Demokratie«. Viel besser ist es, die Realität in bunten Farben zu beschreiben und zu versprechen, dass sie alsbald noch viel bunter werden wird, wenn man nur das Kreuz an der richtigen Stelle macht, also für Vielfalt und Zusammenhalt.

Von Robert Habeck stammen zwei der bedeutendsten Innovationen der deutschen Phrasenkultur. Im Zusammenhang mit dem Skandal falscher Beschuldigung gegen den grünen Bundestagsabgeordneten Stefan Gelbhaar durch eine linke Parteifreundin äußerte er, in Sachen Aufklärung sei der Bundesvorstand der Partei »komplett dran«. Das ist so herrlich cool hingeworfen und gleichzeitig krass megakonkret in der Sache rausgehauen, dass sich jede Nachfrage erübrigt. Mehr als »komplett dran« ist echt nicht drin, Alter! Mehr geht einfach nicht.

So viel gedrechselte Achtsamkeit und genderübergreifende Sensibilität brachte der letzte Politstar der Grünen, Joschka Fischer, niemals auf. Sein langjähriges Motto war eher »Ich verpass dir gleich eine!«. Tempi passati, damals, als Hass und Hetze noch linksradikal waren.

Der neueste Höhepunkt der seifenartigen Übersprungsrhetorik ist der Satz »Das werden wir uns noch mal genau anschauen!«. Er kommt regelmäßig zum Einsatz, wenn die Frage nach einer politischen Konsequenz nicht beantwortet werden soll. Das Problem ist zwar ewig bekannt, und die Spitzenpolitikerin, nehmen wir der Einfachheit halber die ehemalige Bundesinnenministerin Nancy Faeser, hat es schon jahrelang im Blick gehabt, konnte sich aber nicht entschließen, es tatkräftig anzupacken, etwa im Fall fehlender Grenzkontrollen, grotesker Abschiebehindernisse und untergetauchter terroristischer Gefährder.

Das »noch mal anschauen« verheißt »Leute, wir kümmern uns drum«, klingt aber lockerer, nicht so verbissen. Anschauen kostet nichts, und nachher ist man immer schlauer. Das Beste: Man hat eine Antwort gegeben, die keine ist.

Einsam aber ragt Annalena Baerbocks Lieblingsfloskel aus dem Phrasengebirge heraus: »Wir haben deutlich gemacht, dass ...« Danach könnte theoretisch auch kommen »... dass gleich Mittagessen ist« oder »... dass wir im Sommer nach Sardinien in Urlaub fahren«, aber nein: Die feministische Außenministerin sagt: »Wir haben deutlich gemacht, dass das Selbstverteidigungsrecht Israels auch unsere Verantwortung ist ... Genauso deutlich haben wir gemacht: Das humanitäre Völkerrecht und das Existenzrecht Israels gehören auf das Engste zusammen. Dafür steht die deutsche Staatsräson.«

Und so deutlich, ja überdeutlich geht es weiter in ihrer Rede vor dem Deutschen Bundestag am 10. Oktober 2024:

»Daher haben wir es immer wieder deutlich benannt: Selbstverteidigung bedeutet natürlich, dass man Terroristen nicht nur angreift, sondern zerstört. Deswegen habe ich so klar und deutlich gemacht: Wenn Hamas-Terroristen sich hinter Menschen, hinter Schulen verschanzen, dann kommen wir in ganz schwierige Bereiche. Aber wir ducken uns davor nicht weg. Deswegen habe ich vor den Vereinten Nationen deutlich gemacht: Dann können auch zivile Orte ihren Schutzstatus verlieren; weil Terroristen diesen missbrauchen. Dazu steht Deutschland, das bedeutet für uns Sicherheit Israels.«

Intuitiv versteht man: Wer so oft das Wort »deutlich« benutzt, redet in Wahrheit undeutlich. Er oder sie (!) bleibt an der Oberfläche, im Allgemeinen und Ungefähren, wagt sich nicht in die Gefahrenzone der Festlegung.

Und das ist das Geheimnis der Phrase: Sie simuliert Weisheit und Überblick, repräsentiert aber nichts weiter als eine gummiartige Flexibilität, die sich immer dann in die Büsche schlägt, wenn Mut zur Entscheidung gefordert ist.

Hey, passt das so für euch, Leute?

Nach der mörderischen Messerattacke eines afghanischen Flüchtlings in Aschaffenburg sagte Kanzler Olaf Scholz neben den üblichen Floskeln wortwörtlich: »Ich bin es leid, wenn sich alle paar Wochen solche Gewalttaten bei uns zutragen.«

Hier artikuliert sich ein weiterer Aspekt der politischen Kommunikation: die Verwechslung der Sprechsituationen, die Verwischung der Unterschiede zwischen der Stellungnahme eines Regierungschefs zu einem schrecklichen Attentat und den persönlichen Gefühlen eines Mannes, der immer auch »Mensch« (Robert Habeck) ist und es manchmal auch einfach dicke hat.

»Ich bin es leid, dass du dein Zimmer nicht aufräumst«, sagt die Mutter zu ihrem zwölfjährigen Sohn. »Ich bin es leid, unseren Sommerurlaub immer ganz allein organisieren zu müssen«, sagt die Ehefrau zu ihrem Mann. »Ich bin es leid, dass ich immer den Müll runterbringen muss«, sagt er zu ihr.

Fehlte nur noch, dass Scholz ein »Menno« vorgeschaltet hätte: »Menno, ich bin es leid …« im Sinne von »Hab echt keinen Bock mehr auf die Scheiße! Was soll das denn?!«

Es handelt sich gerade nicht um Empathie, sondern um einen Ausdruck narzisstischer Kränkung, die in dieser flapsigen Alltagsphrase steckt – ganz so, als habe der amtierende Kanzler nichts mit den Verhältnissen im Land, speziell der Flüchtlingspolitik, zu tun, als sei er persönlich beleidigt, dass ausreisepflichtige Asylbewerber immer wieder zum Messer greifen. Unverschämt.

Das schauen wir uns dann doch noch mal genau an.

DIE PSYCHIATRIE IST FÜR ALLE DA

Manchmal entsteht ein Erkenntnisgewinn durch einen einzigen Satz.

»Glaubt die Politik wirklich, dass die Tat von Aschaffenburg besser in einem anderen europäischen Land oder in Afghanistan hätte stattfinden sollen? Dieses Denken ist zutiefst zynisch und unsolidarisch.«

Er stammt von Dr. Angelika Claußen, Ärztin für Psychiatrie und Psychotherapie und Co-Vorsitzende der IPPNW, einer 1980 gegründeten Vereinigung mit dem Titel »Internationale Ärzt*innen für die Verhütung des Atomkriegs – Ärzt*innen in sozialer Verantwortung e.V.«. Sie war stets Teil der »Friedensbewegung«, erhielt 1985 den Friedensnobelpreis und gilt bis heute als dezidiert russlandfreundlich. Ihre Abrüstungsforderungen richten sich überwiegend an die NATO und den Westen.

Der ominöse Satz der Psychiaterin fiel wenige Tage, nachdem ein abgelehnter, ausreisepflichtiger und psychisch auffälliger afghanischer Asylbewerber ein zweijähriges marokkanisches Kind und einen 41-jährigen Mann, der zu Hilfe eilte, mit einem Küchenmesser erstochen hat. Neben Entsetzen und Empörung über die Tat meldeten sich bald auch Stimmen, die die mangelnde psychologische Versorgung von Flüchtlingen beklagten und die Frage aufwarfen, ob man gewalttätige »Geflüchtete« überhaupt in ihre Heimatländer abschieben dürfe, wenn auch dort die Gefahr bestehe, dass sie morden und vergewaltigen könnten.

Zugegeben, auf diesen Gedanken muss man erst einmal kommen. Aber er zieht sogleich andere nach sich. Der erste wäre: Dann wäre es also in gewisser Weise humaner, jedenfalls eher zu verantworten, wenn das Risiko, von einem psychisch kranken Flüchtling erstochen zu werden, in Deutschland bliebe, selbst wenn der Betroffene wie in diesem Fall zuerst über Bulgarien in die Europäische Union eingereist war, angeblich, um Schutz zu finden vor Verfolgung.

Der nächste Gedanke, der wahrscheinlich eher bei sarkastischen Zeitgenossen wie Kabarettisten und Feuilletonisten aufblitzt, würde sich auf eine an sich logische Konsequenz beziehen: Sollte Deutschland, immer noch eines der reichsten Länder der Welt, dann nicht psychisch auffällige Flüchtlinge aus anderen Teilen der Welt, von Südosteuropa bis Syrien, bevorzugt zu sich holen, um die Gefahr, dass dort ähnliche Gewalttaten passieren, zu verringern? Wäre das nicht auch die humanitäre Pflicht von uns Christenmenschen? Und was ist eigentlich mit den traumatisierten zivilen Kriegsflüchtlingen in Somalia, Eritrea und Sudan? Her mit ihnen!

Wie immer, wenn man wie einst der Eulenspiegel eine verquere Argumentation und ihre Logik auf die Spitze treibt, offenbart sich der ganze haltlose Unsinn des Gesagten. Nun ist es nicht neu, dass Psychiater selbst auch ein bisschen gaga sein können, aber ein wirklicher Trost ist das nicht. Tatsächlich zeigt sich an diesem einen Satz eine Wahrheit über die Situation in ganz Germanistan.

Millionen »Schutzsuchende« aus aller Welt kamen in den letzten zehn Jahren zu uns – doch wir selbst, die Bürgerinnen und Bürger dieses Landes, darunter etwa ein Viertel mit der notorischen »Migrationsgeschichte«, verdienen offenbar keinen Schutz. Im Zweifel gelten die Schutzinteressen der Flüchtlinge also mehr als die der hiesigen Bevölkerung, und genau deshalb sind auch zahllose Morde, Vergewaltigungen, Raubüberfälle, Einbrüche und Diebstähle bis auf Weiteres nur die systemisch unvermeidlichen Kollateralschäden einer humanistischen Gesinnung. Als Nebenprodukt der Willkommenskultur sind sie schlicht hinzunehmen.

Im Ernst: Bleibt es dabei, dass nur ein schlechtes Gewissen ein gutes Gewissen ist? Es ist genau dieser verlogene Altruismus, der Moralismus mit Vernunft verwechselt und so eine Politik verhindert, die Probleme tatkräftig angeht. Solange sich daran nichts ändert, wird auch nichts besser in diesem Land.

Bis sich alles zum Guten wendet, heißt es Zähne zusammenbeißen und die massenhafte Ausbildung neuer Psychotherapeuten zu beschleunigen. In der Zwischenzeit sollten Kitagruppen, junge Frauen und gehbehinderte Rentner den einen oder anderen Stadtpark lieber meiden. Auch Weihnachtsmärkte, Karnevalsumzüge und Stadtfeste müssen nicht unbedingt sein.

Es gibt doch weiß Gott größere Opfer, die man für ein gutes Gewissen im Sinne des Weltethos bringen muss.

LOS WOCHOS ANTIFACISTAS oder die Auschwitzkeule als letzte Waffe einer verkommenen Linken

»Nach Auschwitz ein Gedicht zu schreiben, ist barbarisch«, schrieb der Philosoph Theodor W. Adorno, jüdischer Emigrant aus Nazideutschland, im Jahre 1949 und entfachte damit eine jahrzehntelange Diskussion, wie genau dieser Satz zu verstehen und zu interpretieren sei. In jedem Fall markierte er den Epochenbruch der monströsen Untat, das Ungeheuerliche, Unbeschreibbare, ja Unverstehbare, nach dem nichts ist wie vorher und Goethes Welt des Schönen, Wahren, Guten untergegangen war.

Nun, diese umfassende Irritation, dieses Innehalten und Zurückschrecken, das ist längst vorbei. Hinter uns liegen Jahrzehnte voller Fest- und Gedenkreden, Erinnerungsrituale und Kolloquien, Tagungen und Kongresse, Tausende Buchveröffentlichungen, Doktorarbeiten und Forschungsergebnisse, Zeitzeugenberichte, Filme und Hörspiele, Reportagen und Theateraufführungen. Das »Nie wieder!« thront über allem, und doch ist es letztlich ein »Immer wieder«, ein unendlicher Strom von Sonntagsreden, des Herbeizitierens, Warnens und Erinnerns an, vor und über Auschwitz.

Während immer weniger Menschen wissen, was dort eigentlich genau passiert ist, hat sich Auschwitz zur dunkel schillernden Mega-Metapher entwickelt, zugleich zur billigen rhetorischen Münze und Allzweckwaffe, vielseitig verwendbar und vor allem im politischen Meinungskampf sehr nützlich. Dabei ist jedes Tabu gefallen, schon gar der Respekt gegenüber den Ermordeten.

Und so kam es auch Anfang des Jahres zur großen Wiederholungsschlacht um Auschwitz, bei der Hitler noch einmal besiegt wurde, diesmal in Gestalt von Friedrich Merz, der es gewagt hatte, seine parlamentarischen Entschließungs- und Gesetzesanträge zur Migrationspolitik nicht davon abhängig zu machen, ob die AfD – oder ein Teil ihrer Abgeordneten – ihm am Ende zustimmen würde oder nicht. Den Vogel in diesem haltlosen Empörungsbingo schoss wieder einmal Karl Lauterbach ab, ein Mann, der sein Ministeramt einzig und allein dem Coronavirus verdankte. Der *WELT*-Reporter Frederic Schwilden hielt den historischen Moment fest:

»Karl salzt nach. Es ist kurz vor acht Uhr morgens am 27. Januar 2025, Bundesgesundheitsminister Lauterbach hat das Bedürfnis, sich mitzuteilen. Der Bundesminister veröffentlicht auf X einen Post. Mit nicht ganz korrekter Zeichensetzung schreibt er: ›Heute, am Tag 80 Jahre nach der Befreiung von Auschwitz, führen wir die Vogelschiss Debatte und @_FriedrichMerz hofiert @AfD. Als erster Demokrat sagt er im Prinzip: wo es mir hilft lasse ich mich auch von Nazis unterstützen. Moralisch bankrott.‹«

Schwilden weiter: »Liest man den Satz von Karl Lauterbach, sieht man Friedrich Merz irgendwie danebenstehen. Darin liegt die Bösartigkeit, die Geschichtsvergessenheit, schlicht die Menschenverachtung dieses Satzes. Und all das schreibt Karl Lauterbach, weil Friedrich Merz nach der x-ten Mordtat eines ausreisepflichtigen Menschen in Deutschland einen Gesetzesentwurf zur Migration einbringen will.«

Der Journalist schickte dem Bundesgesundheitsministerium drei Fragen. »Hält Minister Lauterbach daran fest, den Holocaust und das Gedenken an Auschwitz für einen Angriff auf den Oppositionsführer zu nutzen? Hält Minister Lauterbach daran fest, dass Friedrich Merz sich von Nazis unterstützen lässt? Woran macht Minister Lauterbach fest, dass Friedrich Merz die AfD hofiert?« Etwas mehr als eine Stunde später kam die Antwort. »Wie üblich kommentieren wir die Tweets des Ministers nicht. Sie werden aber festgestellt haben, dass der Minister den Tweet inzwischen gelöscht hat. Darüber hinaus hat er sich per SMS beim Fraktionsvorsitzenden der Union entschuldigt.«

Dennoch war der Sturm der antifaschistischen Entrüstung nicht mehr aufzuhalten. Der Redakteur der *Süddeutschen,* Bernd Kramer, twitterte: »Sieg Heil, liebe @CDU.« Einen Tag später kommentierte er einen Satz von Friedrich Merz mit den Worten »Der Führer hat gesprochen«. Andere attackierten den angeblichen »Steigbügelhalter des Faschismus«, und das Protest-Start-up »Campact« rief per »Eilmeldung« zum sofortigen Widerstand gegen dic Nazigefahr auf. »Wehret den Anfängen!« klang es allenthalben, ein neues »1933« könnte auch zu einem neuen Auschwitz führen.

Hunderttausende demonstrierten beim »Aufstand der Anständigen« vor Parteizentralen von CDU und CSU. Von Rednern wurden CDU-Spitzenpolitiker wie Carsten Linnemann und Jens Spahn in einem Atemzug mit dem Nazisteigbügelhalter Franz von Papen genannt. »Ganz Berlin hasst die CDU« wurde auf die Siegessäule projiziert, und eine beseelte Moderatorin fragte die Menschenmassen: »Könnt ihr euch mal an den Händen halten? Fühlt ihr euch irgendwie warm? Stabil vielleicht? Fest? Wie so 'ne stabile, dicke, fette Brandmauer?« Kann es ein schöneres Gemeinschaftsgefühl Gut gegen Böse geben?

Im Zuge der »Los Wochos antifacistas« hatten es vermummte Linksextremisten allerdings weniger mit dem Händchenhalten – sie stürmten mit Pyrotechnik und anderem Handwerkszeug des Widerstands CDU-Parteibüros, deren Mitarbeiter sich »freiwillig« als »Faschisten« bezichtigen sollten. Selbst Altbundeskanzlerin Angela Merkel schaltete sich in unnachahmlicher Weise ein, fiel Merz in den Rücken und mobilisierte so eine kleine innerparteiliche Fronde gegen den eigenen Kanzlerkandidaten. Ein Verrat ganz besonderer Güteklasse, für den die Begriffe intrigant und infam erfunden sein könnten. Immerhin titelte die linke *taz* mit einem Porträtfoto Merkels: »Oma gegen rechts«. So war auch das einmal geklärt.

Tagelang hyperventilierte die rot-grüne Blase, unterstützt von den üblichen Verdächtigen in Kultur und Medien. Das »Zustrombegrenzungsgesetz« fand zwar keine Mehrheit, weil es in den Reihen von CDU und FDP Dutzende Abweichler gab, doch die wütenden Reaktionen des rot-grünen Lagers – »Tabubruch«, »Verrat«, »Tor zur Hölle« – hielten an. Zu schön war das Geschenk, wieder einmal im Vollgefühl auf der richtigen Seite der Geschichte zu stehen, gemeinsam gegen den Faschismus und die AfD-Nazis zu kämpfen.

Es gab nur einen Wermutstropfen: Der nachgeholte Antifaschismus kam wieder einmal mindestens 80 Jahre zu spät.

VON OMAS UND OPAS

Das Wunderbare in Germanistan: Nichts bleibt ungeregelt, für alles findet sich eine Verordnung, eine europäische Richtlinie oder wenigstens ein sachdienlicher Hinweis von berufener Stelle. Ferda Ataman, in voller Schönheit ihres offiziellen Titels die »Unabhängige Bundesbeauftragte für Antidiskriminierung und Leiterin der Antidiskriminierungsstelle des Bundes«, hat jetzt noch eine regellose Leerstelle, einen wilden Freiraum ausgemacht, in dem sich bislang das Leben einfach so austoben konnte, wie es wollte. Das war einmal.

Denn nun sollen nach Frauen, LGBTQI+-Menschen, Ausländern, People of Colour, Migrant*innen, Behinderten und anderen vulnerablen Personen auch »Alte« vor »unsensibler Sprache« beschützt werden. Begriffe wie »süße Omi« sind ab sofort strikt zu meiden, und auch Äußerungen wie »für dein Alter siehst du gut aus« sind nun nicht mehr statthaft. Glaubt man dem aktuellen Altersbericht der Bundesregierung, so werden die Senioren mit solchen Formulierungen diskriminiert, selbst wenn sie freundlich oder gar als Kompliment gemeint sind.

Bei dem Ausdruck »süße Omi« handelt es sich nach Auffassung der wissenschaftlichen Altersberichtskommission der Regierung um »verniedlichendes Sprechen (secondary baby talk)« über ältere Menschen. Das sei, Achtung: »benevolenter Ageismus« – also gut gemeinte Altersdiskriminierung. Das Gleiche gelte auch für »zweifelhafte Komplimente«, die etwa das gute Aussehen von Senioren thematisieren. Alles klar?

Damit ist eine der letzten Lücken der konsequenten verhaltenstherapeutischen Durchregulierung des Homo germanicus geschlossen. Er weiß nun, woran er sich zu halten hat, wenn demnächst wieder mal die Oma anrückt.

Zuweilen kann es dabei zu Begegnungen der besonderen Art kommen. Einem bekannten Professor der Freien Universität Berlin rückte jüngst auf dem Berliner Mexiko-Platz eine Oma auf die Pelle. Sie hatte Flugblätter dabei und sprach ihn direkt an. »Ich bin von den Omas gegen rechts. Haben Sie Interesse?« Er antwortete ziemlich ungnädig: »Nein, ich bin Opa gegen links. Außerdem müsste es heißen Omas gegen Rechtsextremismus!«

Das konnte die Oma gegen rechts natürlich nicht stehen lassen und antwortete: »Rechts und rechtsextrem sind doch das Gleiche!« Dann machte sie auf dem Absatz kehrt. Wir fragen uns nun: War das auch eine Form von Altersdiskriminierung?

EINE DITIB-MOSCHEE BEDROHT AUTONOMES ZENTRUM – bunter geht's nicht

Die multikulturelle Gesellschaft ist bunter, als sie selber denkt, obwohl es nicht an täglichen Bekenntnissen zu Vielfalt, Buntheit, Weltoffenheit und vielen anderen schönen Dingen fehlt. Die Realität hält auch hier immer wieder Überraschungen bereit. Zum Beispiel in Wuppertal-Ehrenfeld, wo der Neubau einer DITIB-Moschee ausgerechnet auf dem Gelände eines »Autonomen Zentrums« geplant ist. Das Verfahren der Stadt läuft zwar schon seit mehr als einem Jahrzehnt, aber langsam rückt eine Entscheidung näher. Während die sunnitische Ditib über ihre Kölner Zentrale bundesweit etwa 900 Moscheen kontrolliert und dem staatlichen »Präsidium für Religionsangelegenheiten (Diaynet) in der Türkei unterstellt ist – Oberaufsicht: Präsident Recep Tayyip Erdoğan –, folgt das Autonome Zentrum nur seinen eigenen Überzeugungen.

Und die sind kaum kompatibel mit den religiösen Fundamentalisten des sunnitischen Islam, deren politische Ausrichtung rechtsnationalistisch und reaktionär zu nennen keine unziemliche Übertreibung ist. Der beidhändige faschistische »Wolfsgruß« der rechtsradikalen »Grauen Wölfe« ist in diesem Milieu gang und gäbe.

Wer auf die Website des »Autonomen Zentrums« geht, entdeckt zunächst eine animierende Kurzfassung der linksradikalen Gesellschaftsanalyse, wie man sie bei Antifas und Autonomen quer durch Deutschland findet: »Die Faschisierung der Gesellschaft schreitet in allen Bereichen des Alltags in hohem Tempo voran. Sowohl im gesellschaftlichen Diskurs, als auch im alltäglichen Leben gewinnen Faschist*innen weiter an Deutungshoheit … Auch der Ausbau eines autoritären, militarisierten Staates schreitet voran. Mehr Geld für die Rüstung und eine konsequente politische Ausrichtung auf einen Kriegsfall.« Es schreitet also ziemlich viel Schlimmes voran.

Auch im Inneren werde aufgerüstet: »Bullen erhalten deutlich erweiterte Kompetenzen und Ausstattung, auf der anderen Seite gibt es eine fast schon wahnhafte Jagd nach Antifaschist*innen und anderen Militanten, welche sich auf direktem Wege Staat und Faschist*innen entgegenstellen … Die zunehmenden Folgen der Klimakatastrophe im Angesicht von Faschismus und Krieg sind in den Hintergrund getreten, gehören aber eng zusammen. Egal, ob unter fossilem oder grün kapitalistischem Anstrich. Ein ›weiter so!‹ darf es nicht geben.«

Obwohl also der Feind zu Hause feststeht wie eh und je – Kapitalismus, Bullenstaat und der strukturelle Faschismus in Land –, ist man »Scheiße wütend« wegen der geplanten Moschee. Das sagt zumindest Tim vom AZ dem *taz*-Reporter. Man sei »wütend darauf, dass eine Ditib-Gemeinde aus ihrer Sicht eine stärkere Lobby in der Stadt habe als sie«, die Autonomen und Antifas, die doch schon seit 25 Jahren in ihrem dreistöckigen Haus Konzerte und Partys veranstalten und den Kapitalismus bekämpfen wie nichts Gutes.

Natürlich ist hier niemand »islamophob« oder frönt gar dem »antiislamischen Rassismus«, aber irgendwie geht es schon auch um die gute alte linksradikale Heimat, die man sich nicht von einer fremden Macht nehmen lassen will, die noch nie was von der »Dialektik der Aufklärung« gehört hat.

Die Autonomen schlagen immerhin einen Kompromiss vor: Sie bleiben einfach, und die Moschee zieht direkt daneben auf die freie Fläche, auch wenn's ein bisschen eng wird – eine Art historischer Kompromiss zwischen Karl Marx und Kalifat.

Sollte es wirklich so weit kommen, entstünde eine bunte akustische Mischung: Aus den Boxen im AZ würde laute Punkmusik die nähere Umgebung beschallen, es gäbe ein Konzert mit »Visions Of War + Lautstürmer + Earth Crust Displace (Noisy D-Beat // Berlin)« und natürlich Rio Reisers zeitlose »Ton, Steine, Scherben«-Fanfare »Keine Macht für Niemand!« – ein paar Meter weiter wäre dann regelmäßig der Ruf des Muezzins zu hören: »Allahu Akbar!«

Mehr Vielfalt geht nicht.

BLOSS WEG AUS GERMANISTAN!

Island, Kanada, Belgien, Taiwan, Uruguay – was vereint diese fünf Länder auf vier Kontinenten? Nach Auffassung des Berliner *Tagesspiegel,* der sich vom Leib- und Magenblatt der Wilmersdorfer Witwen zum Sprachrohr der grün gefärbten linksliberalen Hauptstadtblase gemausert hat, handelt es sich um die attraktivsten Zielorte für Auswanderwillige, die dem »Rechtsruck« in Deutschland entfliehen wollen.

Was auf den ersten Blick etwas merkwürdig erscheint, erschließt sich auf den zweiten sofort: Wir sind umgeben, ja regelrecht umzingelt und eingemauert (!) von rechtsgerichteten Regierungen – ob in Polen, Tschechien oder Österreich, in Frankreich, Holland oder Dänemark (wo die Rechten sich als Sozialdemokraten tarnen), und auch die Schweiz, sowieso überteuert und unbezahlbar, ist kein wirklich fortschrittliches Land. Spanien und Portugal sind vom Klimawandel unmittelbar bedroht, und in Italien, unserem ewigen Sehnsuchtsland, herrscht Giorgia Meloni, die notorische »Postfaschistin«. Monaco, Andorra, Liechtenstein und Luxemburg sind turbokapitalistische Finanzhöllen und kommen für Linke schon gar nicht infrage.

Bleibt Island, im Nordatlantik zwischen Grönland und Norwegen gelegen, geprägt von Vulkanen, Geysiren, Thermalquellen, regelmäßigen Erdbeben und Lavafeldern und mit knapp 400 000 Einwohnern kaum größer als Berlin-Neukölln. Platz ist also da zwischen den Geysiren, jedoch ist zu bedenken, dass die Durchschnittstemperatur auf Island 5,1 Grad Celsius beträgt. Es ist oft sehr stürmisch (nur wildes Meer drum herum) und regnerisch, also nichts für klassische Goa-Globetrotter und Bali-Sonnenanbeter mit Yogahintergrund. Die Einheimischen sind immerhin recht freundlich, ja weltoffen. Ob sie auf *Tagesspiegel*-Abonnenten aus Spandau mit Anti-Merz-Allergie warten, weiß man selbstverständlich nicht.

Das gilt natürlich auch für Kanada, das jährlich so viele Einwanderer ins Land lässt, wie Island Einwohner hat: 400 000. Freilich werden die ziemlich streng ausgesiebt. Gender- und Diversitätsforschende stehen nicht ganz so hoch im Kurs. Allerdings steht all das unter Vorbehalt, seitdem US-Präsident Trump neben Panama und Grönland auch Kanada ins Visier seiner Reichserweiterung genommen hat. Fast wie ein deutscher Linker sagt er »No borders between us!«, und so könnte Kanada womöglich bald Teil der trumpistischen Mega-USA sein nach dem Motto: »Was heißt hier great? Make America even bigger, stupid!«

Dann doch lieber nach Taiwan, den ostasiatischen Tigerstaat, wo die geniale Hightech-Halbleiter-KI-Avantgarde Europa alt aussehen lässt? Leider droht auch dort die Invasion einer fremden Macht – allerdings von Xi Jinping und seinen turbokommunistischen Truppen, die schon das blühende Hongkong eingesackt haben und Mao Tse-tungs revolutionäres Werk zu Ende bringen wollen. Es könnte also etwas ungemütlich werden. Da helfen dann auch Sprachkurse in Mandarin wenig, um einen Friedensdialog im Sinne der glühenden Pazifistin Sahra Wagenknecht einzuleiten.

Dann eben auf nach Uruguay! Ja, es stimmt, dass dieses kleine südamerikanische Land ab 1945 zum Zufluchtsort für viele Naziverbrecher geworden war, aber Schwamm drüber. Wie schreibt der *Tagesspiegel:* »Ein Land, so viele Einwohner wie Berlin. Gutes Essen, schöne Strände, wenig Armut und eine 40-jährige demokratische Tradition.« Toll.

Die Urus warten bestimmt nur auf tätowierte Punks und schwarz gekleidete Antifas aus Friedrichshain-Kreuzberg, die ihre online überwiesene Frührente aus Berlin mit einbringen und in Punta del Este gleich ein »Autonomes Zentrum Rio Reiser« aufbauen, von dem aus der antifaschistische Kampf konsequent fortgeführt wird. Ein bisschen Spanisch können sie ja schon: »Siamo Tutti Antifacisti!« Ach so, ist eher italienisch. Egal. Wie sagte einst der Kaiser von Tonga-Togo: »We are all sitting in one Flüchtlingsboot!«

Dennoch, wem das ein bisschen zu weit weg ist, dem bleibt Belgien, unser liebes Nachbarland, bevölkert mit Flamen und Wallonen. Leider meldete der *Tagesspiegel* in derselben Ausgabe, dass Belgien nach 230 Tage dauernden Koalitionsverhandlungen, also in landestypischer Rekordgeschwindigkeit, erstmals eine von der rechten Partei N-VA angeführte Regierung bekommt, die auch noch »migrationskritisch« ist. So viel Pommes frites und belgisches Konfekt kann man gar nicht essen, um das zu vergessen.

Was wäre denn mit Kuba, Venezuela oder Nordkorea? Dort ist man in jedem Fall sicher vor dem deutschen Rechtsruck, muss aber eventuell ein paar andere Einschränkungen hinnehmen.

Deshalb unser Vorschlag zur Güte: Den *Tagesspiegel* abbestellen und eine schöne Reise nach Südtirol unternehmen. Das entspannt die Lage kolossal. Und man spricht deutsch.

FRÜHSTÜCKEN SIE UNBEDINGT! Oder lassen Sie es bleiben! Aber essen Sie mehr Senf!

Es war auch in Friedrich Merz' schönem Sauerland gute Tradition: Immer schon gab es Empfehlungen für eine gesunde Ernährung, mehr oder weniger wissenschaftlich fundiert. Früher war es die Großmutter (»Iss, Kind!«), heute sind es ganze Bataillone von Experten. Die Älteren erinnern sich noch an die Werbeparole »Die Milch macht's!«. Was genau, wurde nicht erklärt, aber man sah rote Kinderbäckchen und fröhliche, sportlich aktive Menschen in allen Lebenslagen. Inzwischen raten Ernährungswissenschaftler zum genauen Gegenteil: möglichst keine Weidemilch!

Dazu kommt die grassierende Laktoseintoleranz, die selbst tolerante, weltoffene Menschen befällt. Ähnliches gilt für die »gute Butter«. Früher ein Muss, in Notzeiten ein Luxus, heute bitte nicht! Selbst ausgesprochene Naturprodukte geraten unter Verdacht: »Haferflocken: Wunderwaffe oder Fettfalle?« ruft die Fachzeitschrift *Hörzu* im Alarmton. Und Kartoffeln? Kohlenhydrate! Hände weg davon! Nun heißt es plötzlich: Kartoffeln sind ein »Superfood« voller Flavonoide und Anthocyane!

Die neue Wunderwaffe aber heißt »Intervallfasten« – von abends bis zum nächsten Mittag nichts zu sich nehmen außer Wasser und Tee. »Nein!«, ruft der nächste Ernährungsberater: »Frühstücken wie ein Kaiser, Abendessen wie ein Bettler!« Also adé, du wunderbare Trattoria »Roma«, adé erst recht, du herrlicher Montespertoli Riserva 2018! Denn auch das haben wir während des letzten »Dry

January« gelernt: Jeder Tropfen Alkohol ist Gift, reines Nervengift. Selbst für eine als erwachsener Mann gelesene trinkende Person ist schon ein Weizenbier am Abend zu viel. Als hätten sich alle Internisten, Ernährungsphysiologen, Foodwatcher und Neurologen verschworen, prasselten diese Informationen zu Jahresbeginn auf all jene ein, die noch einen kleinen Weinkeller besitzen und während der Livekonferenz der Fußball-Bundesliga männlich gelesener Kicker ihr Chiemseer Hell trinken.

Apropos: Zu den übelsten Esskatastrophen zumal bayerischer Ureinwohner gehört die Leberkässemmel (Franz Eberhofers Leibspeise!), »das beliebteste und schlimmste Junkfood Süddeutschlands«. Sie besteht aus »Weißmehl und einer Art Wurstscheibe mit Fleischresten minderer Qualität, viel Salz und Zusatzstoffen. Als Krönung wird sie oft mit einem Spezi kombiniert.«

Dieses sehr gemeine, ja vernichtende Urteil stammt von Prof. Dr. med. Andreas Michalsen, Internist und Professor für Klinische Naturheilkunde an der Berliner Charité. Dringend rät er auch von Limonaden, Energydrinks, abgepackten Snacks, Wurst jeder Art, Fertig- und Tiefkühlgerichten, Keksen, Gebäck, Margarine, verarbeiteten Milchprodukten wie Fruchtjoghurts und Pudding, Konservengerichten und Frühstückscerealien ab. Sie alle enthalten zu allem Unglück auch noch Emulgatoren, künstliche Aromen, Süß-, Farb- und Konservierungsstoffe.

Auf perfide Weise, so Michalsen, tricksen sie dabei »die Sättigungsmechanismen in unserem Gehirn und Darm aus«. So werde im Gehirn das Belohnungshormon Dopamin beim Verzehr dieser Produkte besonders stark aktiviert: »Dopamin sorgt dafür, dass wir uns wohlfühlen, und zwar schon kurz nachdem wir die Tüte Chips aufgemacht haben.«

Nach dieser Lektüre würde sich manch einer gerne einen ordentlichen Schnaps gönnen, aber halt! Um Gottes willen. Es gibt Alternativen. »Esst mehr Senf!«, warb jahrelang ein Händler auf dem Berliner Kollwitzmarkt. Ein anderer empfahl Lavendelöl, auch zum Einreiben. Aber sonst? Brokkoliauflauf? Nüsse? Eingeweichter Leinsamen? Fasten? Die Brigitte-Diät? Da ist guter Rat teuer.

»Endlich richtig essen« lautet einer der zahllosen einschlägigen Ratgeber, ohne den manche kaum noch einen Bissen runterkriegen. Vor der Mahlzeit soll ein Glas Wasser mit Essig getrunken werden, dann immer zuerst das Gemüse reinschaufeln, nachfolgend Fette und Eiweiße wie Fleisch, Fisch, Hülsenfrüchte, anschließend Kohlenhydrate, etwa Nudeln, Kartoffeln, Reis. Zum Schluss Süßes und: Sport!

Man hat die Szene plastisch vor Augen, wie Topmanager, Führungskräfte der deutschen Wirtschaft, geborene Vorbilder also, nach dem Business-Lunch mit amerikanischen Investoren plötzlich aufstehen und losrennen, wenn es sein muss mit Anzug und Krawatte. »Are you crazy, Sven-Oliver?«, hören sie gerade noch beim Hinausstürmen auf dem Weg zum Englischen Park.

Moderne Quacksalberei, Pfusch am Teller, purer Unsinn – als ob im Magen nicht sofort alles zusammengemixt, verdaut und dem Stoffwechsel im Darm zugeführt würde!

Schon wahr, aber der Trend ist klar: Niemand kann heute mehr einfach drauflosessen, und wer es doch macht, wie Bauarbeiter in der Mittagspause, gefährdet sein Leben mehr als auf dem Hochgerüst im 32. Stock. »Wissen ist Macht«, sagte der englische Philosoph Francis Bacon vor ein paar Hundert Jahren, und heute kann sich erst recht niemand mehr darauf hinausreden, er habe nichts gewusst.

Aber so ist der Mensch von Anbeginn an gewesen: Er handelt oft wider besseres Wissen, gegen modernste wissenschaftliche Erkenntnisse und den Ratschlag bester Freunde. Wenn es ihn überkommt, dann greift er spontan, ganz tief aus dem Bauch heraus zur Currywurst, die in Ketchup und Mayonnaise badet, und Pommes, die den letzten heißen Fettaufguss gerade so überlebt haben. Dazu ein Flens oder eine Cola. Oder auch zwei.

Das Wunder: Diese furchtbar unvernünftige Spezies hat sich in den letzten 300 000 Jahren rasant vermehrt. Kein Zufall. Unsere Großmutter kannte das Rezept: »Esst Kinder, esst!«

So ist auch der kleine Friedrich aus dem Sauerland groß und stark geworden.

LETZTE MELDUNG

Es ist immer wieder dasselbe: Nichts ist so irre wie die Wirklichkeit, und nichts zeigt mehr, wie hilflos auch entscheidungsfreudige und entschlossene Politiker sein können, wenn das Dickicht von Recht und Gesetz, Europarecht und Völkerrecht, an das man sich prinzipiell halten muss, selbst die vernünftigsten Handlungsabläufe sabotiert – zum Schaden der Republik und ihrer Bevölkerung, zum Schaden der Demokratie und ihrer Glaubwürdigkeit.

Deshalb hier der Originalbericht der *deutschen presse agentur (dpa)* vom 28. Februar 2025 im ganz leicht gekürzten Wortlaut:

»Das Oberverwaltungsgericht (OVG) in Münster hat vorerst die Abschiebung eines Asylbewerbers und früheren IS-Mitglieds gestoppt. Der Tadschike hat Ermittlungsangaben zufolge am Montag in einer Polizeiwache ein Messer gegen sich selbst gerichtet und so versucht, sich seiner Abschiebung zu entziehen. Das Gericht gab tags darauf einem Eilantrag des Tadschiken statt und setzte die Abschiebung aus, wie eine OVG-Sprecherin nun sagte. Es sei nicht auszuschließen, dass ihm im Heimatland Folter drohe. Mehrere Medien hatten zuvor berichtet. Nach Polizeiangaben sollte der Mann am Montag in Abschiebehaft genommen werden. Demnach war er 2017 wegen der Mitgliedschaft in einer terroristischen Vereinigung, dem sogenannten Islamischen Staat, zu fünf Jahren Haft verurteilt worden. Nach Haftverbüßung sollte er abgeschoben werden. Ein ursprünglich ausgesprochenes Abschiebeverbot nach Tadschikistan war zwischenzeitlich aufgehoben worden.

Der 39-Jährige aus Tadschikistan hatte im Vorraum zur Polizeiwache versucht, seine Festnahme zu verhindern, indem er sich ein Messer an den Hals hielt. Laut Kreisverwaltung soll er sich auch körperlich gewehrt haben. Den Polizeiangaben nach habe er sich zudem am Bauch verletzt und mit einem Stuhl die Eingangstür beschädigt. Nach rund drei Stunden bewegte ihn die Polizei zur Aufgabe. Spezialeinsatzkräfte nahmen ihn fest.

Mit ihrer Entscheidung im Eilverfahren haben die Richter des Oberverwaltungsgerichts die Abschiebung jedoch nun gestoppt: Es dürfe grundsätzlich niemand in ein Land abgeschoben werden, in dem Gefahr für Leib und Leben drohe – auch keine Straftäter oder mutmaßlichen Gefährder, sagte eine Sprecherin des Oberverwaltungsgerichts zur Begründung. Tadschikistan sei dafür bekannt, dass es politische Gegner foltere. Es gebe zwar Erklärungen der dortigen Regierung, dass der Mann dort sicher sei. Wie belastbar diese seien, sei vorläufig unklar.

In einer Mitteilung des Kreises Warendorf hatte Landrat Olaf Gericke (CDU) auf den Beschluss reagiert und erklärt: ›Der Fall zeigt, wie vielfältig die Möglichkeiten sind, sich juristisch gegen eine Abschiebung zu wehren – und wie schwierig es die Gesetzeslage macht, sogar Straftäter oder verurteilte Terroristen aus Deutschland abzuschieben.‹

Der Mann befinde sich aktuell auf freiem Fuß, hieß es in der Mitteilung weiter.«

Die Dimension des Problems der illegalen Migration nach Deutschland wird hier an einem einzigen Beispiel wie in einer Nussschale anschaulich. Die neue schwarz-rote Bundesregierung ist um die Aufgabe nicht zu beneiden, in Zukunft solche und viele andere Fälle, die jeden Tag vorkommen, zu verhindern. Scheitert sie, könnte die gegenwärtige Sperrminorität im Bundestag zur Majorität werden, zur parlamentarischen Mehrheit, gegen die dann nicht mehr regiert werden kann.

Dann ist »die Situation da«, wie Konrad Adenauer einmal sagte.

UNSERE DEMOKRATIE

Friedrich Merz sagt es. Olaf Scholz sagt es. Robert Habeck sagt es. Saskia Esken sagt es. Lars Klingbeil sagt es. Armin Laschet sagt es. Sahra Wagenknecht sagt es. Wolfgang Kubicki sagt es. Die Ratspräsidentin der evangelischen Kirche sagt es. Markus Söder sagt es. Anton Hofreiter sagt es. Claudia Roth sagt es. Annalena Baerbock sagt es. Marie-Agnes Strack-Zimmermann sagt es. Gregor Gysi sagt es. Der Regierende Bürgermeister von Berlin sagt es. Boris Rhein sagt es. Manuela Schwesig sagt es. Georg Restle sagt es. Maybrit Illner sagt es. Christian Lindner sagt es. Alexander Dobrindt sagt es. Markus Lanz sagt es. Ralf Stegner sagt es. »Unsere Demokratie!« Alle sagen es. Aber was wollen sie damit sagen?

»Unser/Unsere« ist ein besitzanzeigendes Fürwort, ein Possessivpronomen. Man sagt: unsere Ehe, unsere Kinder, unsere Familie, unser Haus, unsere Ersparnisse, unsere Reise, unser Glück oder Unglück, unsere Zukunft, unser Schrebergarten. Es gab mal in den Neunzigerjahren einen Werbespot, in dem zwei Schulfreunde, die sich lange nicht gesehen hatten, einander zu überbieten versuchen, wie weit sie es gebracht haben. Einer zog drei Fotos aus der Tasche, knallte sie wie Skatkarten auf den Tisch und rief: »Mein Haus, mein Auto, mein Boot!« Worauf der andere ihm einen verächtlichen Blick zuwarf und zu einer Retourkutsche ansetzte: »Mein Haus, mein Auto, mein Boot«, außerdem »meine Pferde« und »meine Pferdepflegerinnen«, drei junge, gut aussehende Frauen. Dazu die

Visitenkarte seines Anlagenberaters. MeTwo gab es damals noch nicht, niemand regte sich darüber auf, dass Frauen einem Mann als »Assets« gutgeschrieben wurden, zusammen mit Häusern, Autos, Booten und Pferden.

»Demokratie« ist ein »Dingwort« bzw. »Hauptwort«, das für sich allein oder in Begleitung eines klärenden Adjektivs stehen kann: liberale oder illiberale Demokratie, repräsentative Demokratie, parlamentarische Demokratie. Daneben gab bzw. gibt es noch im globalen Süden und in Teilen der Dritten Welt »Volksdemokratische Republiken« wie Angola, Albanien, Äthiopien, Nordkorea und DDR. »Demos« kommt aus dem Griechischen und bedeutet so viel wie »Volk«. Demnach wäre eine »Volksdemokratie« oder »Volksrepublik« ein »Pleonasmus« – wie weißer Schimmel, runde Kugel oder kantiger Würfel. In einer »Volksdemokratie« vollzieht sich »der Übergang vom Kapitalismus zum Sozialismus«. Wann diese Transition abgeschlossen ist, eine Gesellschaft das Elend des Kapitalismus hinter sich gelassen hat und im Paradies des Sozialismus angekommen ist, wo die Diktatur des Proletariats verwirklicht wurde, das entscheidet natürlich nicht der einzelne Bürger, sondern das ZK, das Politbüro der regierenden Arbeiterpartei oder das Personal der volkseigenen Suppenküchen. Der Übergang kann sich gelegentlich etwas hinziehen, wenn es in den Organen, auf die es ankommt, Meinungsverschiedenheiten gibt, ob der richtige Moment bereits eingetreten ist. (Ähnlich verhält es sich mit der Ankunft des Messias. Die einen glauben, er sei schon da, die anderen, er wäre noch unterwegs und werde »demnächst« eintreffen.)

»Unsere Demokratie« ist ein schwammiger Begriff. Wenn es »unsere Demokratie« gibt, dann müsste es auch eine »Demokratie der anderen« geben. Was unterscheidet sie voneinander? Ist die eine vielleicht ein Ableger der anderen?

Es könnte, vermute ich, etwas mit der »demokratischen Mitte« zu tun haben, einem weiteren hybriden Begriff aus der Vorratskammer des »Demokratie leben!«-Programms des Bundesministeriums für Familie, Senioren, Frauen und Jugend. Die »demokratische Mitte« ist ein informeller Zusammenschluss der »Parteien der Mitte«, eine Art Volksfront, der praktisch alle im Bundestag vertretenen Parteien angehören außer einer, der AfD.

Es gibt keine Brandmauer gegenüber der Linkspartei oder dem BSW. Die Linke hat bis vor Kurzem noch den Ministerpräsidenten in Thüringen gestellt, sie sitzt in den Koalitionsregierungen von Bremen und Meck-Pomm mit am Tisch. Das BSW ist an den Regierungen in Brandenburg und Thüringen beteiligt.

Und während der AfD immer wieder vorgeworfen wird, sie würde da ansetzen, wo die NSDAP aufhören musste (wie zuletzt auf einem Rosenmontags-Themenwagen in Düsseldorf), scheint man der Linkspartei längst verziehen zu haben, dass sie sich unter Beibehaltung des Personals aus dem Schoß der SED herausgemendelt hat.

Die AfD gilt als »in Teilen gesichert rechtsextrem« und wird vom Verfassungsschutz beobachtet, der Linken wird eine solche Ehre nicht zuteil. Wie kann das sein?

»Unsere Demokratie« soll sich inklusiv anhören, ein Angebot an Menschen, die sich »einbringen« wollen, hat freilich einen schwer exklusiven Unterton wie einst die Formel »unsere Kreise«, als es noch ein Bürgertum gab, das auf Abstand zu den niederen Schichten achtete. »Unsere Demokratie« grenzt aus – ein gewagtes Spiel im Umgang mit einer Partei, die bundesweit jeder fünfte Wähler gewählt hat und im Osten der Republik jeder dritte.

NACHWORT
Wie die Zeit vergeht – was kommt, was geht, was bleibt?

Olaf Scholz, Robert Habeck und Christian Lindner, die Drei von der Ampel-Tankstelle, haben sich nach der hochverdienten Wahlniederlage so blitzartig aus dem Staub gemacht, dass man hinter der Speedy-Gonzalez-Wolke gar nicht genau sehen konnte, wer noch alles verschwunden ist.

Doch auch Annalena Baerbock, Lisa Paus, Claudia Roth, Nancy Faeser, Steffi Lemke, Klara Geywitz, Rolf Mützenich, Bettina Stark-Watzinger, Svenja Schulze und viele andere, von denen noch weniger Menschen je etwas gehört haben, können sich nun nach neuen Betätigungsfeldern umsehen. Der eine oder die andere wird hier und da in einer Talkshow auftauchen, ein Buch schreiben oder als Ehrenpräsidentin einer karitativen Einrichtung gesellschaftliche Verantwortung übernehmen. Auch die politischen Stiftungen der Parteien bieten mit ihrer unübersehbaren Vielfalt an schönen Posten reichhaltige Möglichkeiten, den Übergang von der Spitzenpolitik ins Leben danach möglichst angenehm zu gestalten.

Natürlich werden praktische Probleme nicht ausbleiben: Wer bucht jetzt meine Reisen? Wer führt den Terminkalender? Wie kriege ich die Bahn-App? Wie funktioniert die Payback-Card von Edeka? Was ist mit Dienstwagen und Chauffeur? Unvergessen ist das Missgeschick des einstigen Außenministers Klaus Kinkel, FDP, der nach dem Ende seiner Amtszeit einmal in den ICE nach Freiburg stieg, beim Halt aber nicht den richtigen Knopf fand, um die Tür rechtzeitig zu öffnen. So musste er zwangsweise bis zur nächsten Station weiterfahren. Auch die ein oder andere Fahrt mit U- und S-Bahn birgt unvergessliche Eindrücke vom Zustand der Republik, der die meisten dann doch wieder zum Auto wechseln lässt, falls das E-Bike in der Inspektion ist.

Doch das alles sind Petitessen des Alltags verglichen mit dem dramatischen Bedeutungs- und Statusverlust, der mit dem unfreiwilligen Rückzug ins Privatleben einhergeht. Max Raabes Lied »Kein Schwein ruft mich an/Keine Sau interessiert sich für mich« deutet das Problem auf poetische Weise an.

Das genaue Gegenteil erleben in diesen Wochen all jene, die eben noch Abgeordnete, parlamentarische Geschäftsführer oder Fachpolitiker ihrer Parteien waren und nun als Minister ins Bundeskabinett einziehen. Man muss kein Prophet und kein Zukunftsforscher sein, um vorauszusagen, dass die knappe Regierungsmehrheit von CDU/CSU und SPD einen harten Kampf vor sich hat, um die drei zentralen Probleme – Migration, Energie & Wirtschaft und Verteidigungsfähigkeit – erfolgreich, also lösungsorientiert, anzugehen. Dabei wird es nicht nur zu Konflikten innerhalb der Regierungskoalition kommen, die wahrhaft keine »große« ist, sondern auch mit den drei Oppositionsparteien AfD, Grüne und Linke.

Es liegt nahe, dass ein regelrechter Kulturkampf ausbrechen könnte. Das linksgrüne Lager, das immer noch große Unterstützung in Kultur und Medien genießt, wird Bundeskanzler Merz das Leben so schwer wie möglich machen, vor allem mithilfe jener »Zivilgesellschaft« aus Lobby-NGOs und aktivistischen Organisationen, die schon in den vergangenen Monaten den »antifaschistischen Widerstand« angeführt haben.

Bereits auf eine kleine parlamentarische Anfrage der CDU/CSU-Bundestagsfraktion zur »Politischen Neutralität staatlich geförderter Organisationen«, also zu Gemeinnützigkeit und Finanzierung dieser vielfach verflochtenen und vom Staat mitfinanzierten Gruppen und Vereine, reagierten Grüne und SPD mit heftigen Empörungsreflexen. Dies sei ein »Angriff auf die Zivilgesellschaft« à la Viktor Orban in Ungarn, schimpfte man, eine antidemokratische »Überwachung« der gesellschaftlichen Opposition.

Unwillkürlich musste man an Frösche denken, die den Vorschlag des Bürgermeisters, den Dorfteich wegen akuter Verschlammung trockenzulegen, als Generalattacke auf ihr Lebensumfeld in aller Schärfe zurückweisen.

Die Aufregung kam nicht überraschend, denn die Fragen der Unionsfraktion galten nicht zuletzt dem ominösen Recherche-Netzwerk Correctiv, der hyperaktivistischen Protestlobbyorganisation Campact, den globalisierungskritischen Attac-Truppen, der antirassistischen Amadeu Antonio Stiftung, der Tierschutzorganisation Peta, Animal Rights Watch, Foodwatch, der Deutschen Umwelthilfe, Agora Agrar, Agora Energiewende, dem Netzwerk Recherche und dem Verein Neue deutsche Medienmacher*innen, dessen Mitgründerin die gegenwärtige grüne Antidiskriminierungsbeauftragte Ferda Ataman war.

Laut *FAZ* sind die multikulturellen »Medienmacher*innen ein »öffentlicher Großverdiener«: »Sie geben für 2023 Einnahmen von 5,849 Millionen Euro an. Davon stammen 93,61 Prozent von der öffentlichen Hand – 5,475 Millionen Euro.« Die Steuerzahler wissen freilich nichts von alledem. Viele andere NGOs erhalten ähnlich hohe Beträge aus dem Staatshaushalt.

Keine Frage: Die linke Szene rüstet wieder mal zum antifaschistischen Endkampf. Inzwischen ist er zu einem erprobten Geschäftsmodell geworden. Campact e.V., seit 2019 als Stiftung organisiert, beschäftigt weit mehr als hundert Mitarbeiter, die einen Jahresumsatz von mindestens 15 Millionen Euro erzielen.

Auf der anderen, der rechten Seite des politischen und parlamentarischen Spektrums wird die AfD ein ums andere Mal versuchen, die »Inkonsequenz«, gar das »Einknicken« von CDU und CSU vor sozialdemokratischen und grünen Einflüssen zu attackieren, vor allem bei der Migrationspolitik. Auch explizit rechte Medien, ja, die gibt es auch, warfen Merz schon kurz nach dem Wahlsieg vor, von seinen harten Plänen in Sachen Grenzkontrollen abzuweichen, ganz so, als habe die Union nicht 28,5 Prozent der Stimmen bekommen, sondern 50.

Jetzt schon plant die AfD den Weg zum großen Ziel, spätestens in vier Jahren zur stärksten Partei im Bundestag aufzusteigen. Bestärkt wird sie durch Umfragen, die zeigen, dass die Mehrheit ihrer Anhänger keine Protestwähler mehr sind, sondern Überzeugungstäter.

Diesseits und jenseits der »Brandmauer«, die übrigens bei ARD und ZDF schon längst in sich zusammengefallen ist – Alice Weidel war weitaus häufiger im öffentlich-rechtlichen Fernsehen zu sehen als die einstige Talkshow-Queen Sahra Wagenknecht –, wird es also hoch hergehen, was die bange Frage aufwirft: Gibt es dazwischen genügend Raum für politische Vernunft, für rationale Entscheidungen? Kann es mitten im Getümmel noch einen Konsens über die dringlichsten politischen Notwendigkeiten geben oder wird sich die Unkultur geschlossener ideologisch abgeschotteter Blasen rechts wie links weiter ausbreiten? Werden weiter Phrasen die Debatte bestimmen oder Taten?

Die neue Sitzverteilung im Bundestag verschafft jedenfalls den links- und rechtsextremen Fraktionen eine Sperrminorität, wenn es um verfassungsändernde Zweidrittelmehrheiten geht. Sowohl Linkspartei wie AfD, zusammen mit rund 30 Prozent ins Parlament gekommen, sind weit überwiegend antiwestlich und antiamerikanisch eingestellt und stemmen sich gegen eine entschieden prowestliche und antirussische Verteidigungsstrategie Europas. Ironie der Geschichte: Ausgerechnet der irrlichternde Derwisch Donald Trump, sein Vizepräsident J. D. Vance und der Kettensägen-Beauftragte Elon Musk haben sich als Fans der AfD geoutet. Das könnte einiges durcheinanderbringen.

Doch es bleibt dabei: Nach dem Ausscheiden der FDP ist die politische Mitte deutlich schwächer geworden, jenes politische

Spektrum also, das die Bundesrepublik über Jahrzehnte geprägt hat. Und es ist nicht allzu gewagt vorauszusagen, dass die neue, zugleich geschrumpfte Fraktion der Grünen, als Oppositionspartei eingeklemmt zwischen AfD und der erstarkten Linkspartei, ihre Rolle erst noch finden muss. Wahrscheinlich wird sie nach links driften, was sogleich das Problem mit sich bringen dürfte, dass die jungen, teils eher unbedarften und unerfahrenen Abgeordneten der ehemaligen SED/PDS/Die Linke wie beim Wettlauf zwischen Hase und Igel im Zweifel immer noch »linker«, »progressiver« sind als die Grünen, die ihren politischen Absturz erst noch verkraften müssen.

Eine Herkulesarbeit wird die Reform des Sozialstaats für die neue Regierung sein, allen voran beim sogenannten »Bürgergeld«, das sich immer mehr zu einem bedingungslosen Grundeinkommen entwickelt hat. Man hört jetzt schon den Aufschrei aller Sozialverbände, Gewerkschaften und linken NGOs, wenn versucht werden sollte, den Fokus wieder mehr auf Arbeit statt auf Transferleistungen zu legen und die Effizienz des gesamten Sozialsystems zu erhöhen. Das würde nicht nur Milliarden sparen, sondern auch Zugewinne an Steueraufkommen bedeuten. Eine Frischzellenkur für Wirtschaft und Gesellschaft.

Doch kaum ein Wort ist so blitzschnell zur Hand und so beliebt in Deutschland wie »unsozial«. Es kommt gleich nach »neoliberal«, also kaltherzig, turbokapitalistisch und sozial ungerecht. »Sozial gerecht« dagegen ist es, immer noch mehr Geld zu verteilen, auch wenn Streuverluste, Fehlanreize und Missbrauchsmöglichkeiten mit jeder zusätzlichen Milliarde wachsen. So wird teils bandenmäßig das gerade wieder erhöhte Kindergeld kassiert, ohne dass es die dazugehörigen Kinder gibt. Etwa 140 000 Verdachtsfälle hat die Bundesagentur für Arbeit im Jahr 2024 registriert. Nur ein Beispiel von vielen für den Wildwuchs des Sozialstaats, der so nicht mehr bezahlbar ist.

Aber wir wollen im Zweifel gerne ein bisschen Optimismus wagen. In jeder Krise liegt die Chance zum Neuanfang. Wie gerufen kommt da Unterstützung aus Amerika, allerdings nicht in guter alter Tradition als westlich-transatlantische Partnerschaft, sondern in Form des Turbo-Trumpismus, der nichts kennt außer »Deals« zum eigenen Vorteil – groteske Lügen und manifeste Gewaltandrohungen inbegriffen. Wenn Great America mit Russland und China die Welt aufteilt, soll Europa sich ducken nach dem Motto »Friss oder stirb!«.

Der 90-jährige Politikwissenschaftler Karl Kaiser, der früher Willy Brandt, Helmut Schmidt und Hans-Dietrich Genscher beriet, resümiert die Situation ohne jede Beschönigung: »Es handelt sich um den tiefsten Einschnitt im transatlantischen Verhältnis seit Ende des Zweiten Weltkriegs. Die Regierung Trump hat sich auf die Seite Russlands geschlagen. Amerika hat damit die Fronten gewechselt. Mehr noch, Trump will den Westen, die freie Welt, als eine auf gemeinsamen Werten und Regeln der Kooperation aufgebaute Gemeinschaft zerstören.«

Die brachiale Trump-Strategie, die man nur imperial nennen kann, hat Europa, so scheint es, allerdings endlich aufgeweckt aus seinem trägen Halbschlaf. Viel zu lange hat man sich auf die schützende Allianz mit Amerika verlassen – und ja, da hat Trump ausnahmsweise einmal recht – unzählige Milliarden an Verteidigungskosten gespart, die stattdessen in die Sozialetats flossen.

Dass es nun sehr teuer werden wird, Europas Verteidigung gegen die russische Aggression massiv auszubauen, ist das eine. Das andere ist die große Frage, wie entschlossen und wie schnell vor allem die EU-Staaten, dazu England und Norwegen, sich mit dem Ziel zusammenschließen werden, sich für die eigene Sicherheit zu rüsten, einschließlich der vorhandenen Atomwaffen als Mittel der Abschreckung.

Dieser historische Augenblick könnte im besten Fall noch eine weitere Chance mit sich bringen: die Selbstvergewisserung von good old Europe, eine Besinnung auf die eigene Stärke, deren größtes Pfund die Freiheit ist, eine Freiheit, die nicht zuletzt Millionen

Menschen aus aller Welt anzieht, Flüchtlinge, Arbeitsmigranten, Glückssucher aus Asien, Afrika und Lateinamerika.

Der Versuch, ein neues europäisches Selbstbewusstsein aufzubauen, ist freilich nicht mit jenem Moralismus zu verwechseln, der in teils arroganter Selbstüberschätzung dem Rest der Welt die neuesten Errungenschaften des alten Kontinents aufs Auge drücken will – natürlich woke und politisch korrekt, klimaneutral und gendergerecht.

Es ist eine Sache, den großen Wert des freien, wirtschaftlich erfolgreichen Europas zu stärken, und eine ganz andere, im Namen der Rettung von Umwelt und Weltklima Abertausende Regeln zu erlassen, die exakt diese Freiheiten durch eine überbordende Bürokratie einschnüren.

Gut 500 Jahre nachdem der portugiesische Seefahrer Fernão de Magalhães, genannt Magellan, im Auftrag des spanischen Königs Carlos I., des späteren deutschen Kaisers Römischer Nation Karl V., als erster Mensch und Entdecker die Umseglung der Erde vollbrachte, ist Europa weit entfernt von jeder Heldentat, von Tatkraft, gar von stolzer Selbstbehauptung.

Schuldig geworden als jahrhundertelang herrschende Kolonialmacht hat es sich heute weithin darauf verlegt, Achtsamkeit, Nachhaltigkeit und eine Weltoffenheit zu predigen, die vor lauter Hypermoral sich selbst und ihre Geschichte vergessen hat.

Dass Europa bis heute ein leuchtender Stern in der Welt ist, auf den so viele schauen, beruht letztlich auf nichts anderem als seiner Geschichte der Aufklärung, einer geistig-moralischen Selbstaufklärung, die die Grundlage bildet für die Befreiung aus gewalttätigen und unterdrückerischen Verhältnissen. Eine Entwicklung freilich, die nie zu Ende ist und stets bedroht ist durch ihr Gegenteil: Gewalt und Unfreiheit.

Nun, da wirklich Gefahr im Verzuge ist, gilt es, Prioritäten zu setzen. First things first, second things second. Angesichts der allgemeinen Aufregung hat Josef Joffe, viele Jahre Herausgeber der

ZEIT und exzellenter Amerikakenner, jüngst ein paar »ermutigende Zahlen« erwähnt, die auch die neue deutsche Bundesregierung zumindest ein wenig beruhigen sollten: »Die europäischen NATO-Staaten haben fast doppelt so viele Soldaten wie Russland und mehr als doppelt so viele Kampfpanzer. Das gleiche Übergewicht herrscht bei den Kampfjets. Ebenso überlegen ist die EU mit Großbritannien mit ihrer wirtschaftlichen Potenz. EU und UK bringen ein BIP von 25 Billionen Dollar auf die Waage. Dagegen ist Russland mit zwei Billionen ein Zwerg.«

Schon scheint ist es ein ungelöstes Rätsel, wie es Putins Russland mit dem Bruttosozialprodukt in der Größenordnung von Spanien oder Italien gelingen sollte, ganz Europa zu überrollen. Auch Joffe hat für diese Schieflage in der allgemeinen Wahrnehmung nur eine Erklärung: die Zersplitterung der vielen Einzelinteressen unter den rund 30 Ländern mit ihren höchst unterschiedlichen Kulturen, Mentalitäten, politischen Systemen und ökonomischen Verhältnissen.

Genau hier liegt jene Perspektive, in der nicht alles, aber doch vieles besser werden könnte: Die Rückbesinnung auf die eigene Stärke. Mittendrin und vorne dran wird Deutschland sein, natürlich im europäischen Verbund. Doch Ausreden, man müsse erst einmal alle ins Boot holen, dies und jenes gehe sowieso nicht, schon gar nicht schnell, gelten nicht mehr. Ab jetzt zählen Taten.

»Die Erwartungen an Friedrich Merz könnten größer kaum sein. Er wird Europa anführen müssen, vielleicht sogar, pathetisch ausgedrückt, die freie Welt«, sagt der altgediente Politikberater Kaiser.

Diese kaum erfüllbaren Erwartungen richten sich zugleich an uns alle, uns meckernde Germanistanoleros und -leras, Wutbürger, Dauerunzufriedene, Friedensfreunde mit DDR-Hintergrund, Antifas, Merz-Freunde und -feinde, trauernde Habeck-Jünger, frustrierte Sozialdemokraten, deprimierte FDP-Wähler, deren Stimmen im Nichts verschwanden, Kulturschaffende mit Hang zum Bekenntniszwang, last not least an die Omas gegen rechts, die überlegen könnten, eine Unterorganisation mit dem Namen »Omas gegen Putin« zu gründen. Die »Opas gegen links« holen ihre alten Wehrpässe wieder heraus und melden sich nach dem dritten Bier schon jetzt zum »Volkssturm«.

Spaß beiseite und frei nach Walter Ulbricht: Niemand hat die Absicht, euch euren Latte macchiato oder Apérol Spritz am Bistrotisch wegzunehmen! Aber wenn ihr ihn auch in Zukunft noch in Frieden und Freiheit schlürfen wollt, dann müsst ihr euch schon ein bisschen mehr ins Zeug legen. Ihr wisst doch: Nichts bleibt, wie es ist, alles ändert sich.

In diesem Sinne: Good Morning, Germanistan!